Knock! Knock!

우리 아이의
수학적 잠재력을 깨워주는 **창의력 수학**

노크

C1

수학자로
배우는 수학

이 책을 보시는 부모님들께

머리가 좋아야 수학을 잘 한다는 말이 있습니다. 또, 수학을 잘 못하는 아이는 아빠, 엄마의 머리를 물려받아서 그렇다는 등의 난데없는 유전자 논쟁이 벌어지기도 합니다. 하지만 많은 사람들의 일반적인 생각과는 달리 이는 근거없는 이야기입니다. 외국의 한 연구 기관에서 언어, 사회, 수학, 과학의 네 가지 분야 중 어떤 것이 아동의 선천적 재능에 영향을 받는지 조사한 연구 결과를 발표했는데 일반적인 예상과는 다르게 선천적 재능에 영향을 받는 순서는 사회, 언어, 과학, 수학 순이었습니다. 다시 말해, 수학은 여러 학문 분야 중 선천적인 재능보다는 후천적인 환경이나 교육자, 학습자의 노력에 가장 큰 영향을 받는 학문이라 볼 수 있습니다. 수학의 가장 기본이 되는 '수 영역'의 예를 들어 보겠습니다. 아이들이 수를 처음 접하는 시기의 차이는 있지만 실제 수에 대한 감각과 수를 다루는 연습은 생활 속에서의 체험이나 다양한 활동, 학습 속에서 이루어집니다. 즉, 수학의 가장 기본이 되는 수는 선천적으로 가진 재능과는 거의 연관이 없으며 자라나면서 어떤 환경에 놓이는지, 얼마나 많이 수를 생각할 수 있는 기회가 있는지, 나이에 맞는 올바른 학습을 만날 수 있는지에 좌우됩니다. 그러므로 아이의 수학적 발달에 문제가 있다면, 그 아이가 누구를 닮아서 그런지, 지능이 떨어지는지를 따질 것이 아니라 수학적 힘을 기를 수 있는 학습 환경을 어떻게 만들어줄 것인가를 고민해야 합니다.

국제영재교육연구소의 랜즐리 소장은 영재의 기준을 마련하기 위해 여러 연구를 시행한 결과, 영재의 공통적인 특징들을 발견하였습니다. 첫째는 115 이상의 지능지수(IQ), 둘째는 창의력(Creativity), 셋째는 동기적 요소라고 부르는 끈질긴 근성과 과제집착력이었습니다. 이들 세 가지 요소 역시 선천적으로 타고 나는 부분도 물론 있겠지만 대부분 후천적인 학습이나 교육 활동을 통해 기를 수 있는 능력이라는 데에 이의를 제기하기는 힘듭니다.

이처럼 수학적 능력은 후천적 학습 환경에 주로 좌우되며, 특히 어린 시절에는 그러한 경향이 더더욱 두드러집니다. 하지만 우리의 아이들을 둘러싼 수학적 환경을 다시 한 번 돌아봅시다. 초등학교를 들어가기 전부터 과도한 학습량과 무의미한 반복 활동, 이후의 수학 학습에 오히려 방해가 될 정도로 무리한 선행 학습 등의 환경은 아이의 수학적 힘을 길러주기보다는 수학에서 가장 중요한 창의적 사고력을 기를 수 있는 기회를 박탈함과 동시에 수학에 대한 흥미를 급속하게 떨어뜨리게 하여 수학으로 문제를 해결하려는 의지, 즉 수학적 동기를 스스로에게 부여하는 것을 불가능하게 만들어 버립니다. 중요한 것은 남들보다 먼저, 그리고 더 많이 수학적 지식을 머리 속에 주입하는 것이 아니라 태어나서부터 누구나 가지고 있는 수학에 대한 관심, 그리고 수학으로 생각하는 힘을 일깨워주는 것입니다.

수학을 잘할 수 있는 힘,

수학적 잠재력은 이미 여러분 아이들의 머릿 속에 줄곧 있어왔습니다. 단지 어떤 아이는 그것을 찾아내어 드러낼 수 있었고, 어떤 아이는 꼭꼭 숨긴 채 평생 드러나지 않을 뿐입니다. 이러한 수학적 잠재력에 대한 참신한 자극 - 생각을 두드리는 '노크'를 제안하려 합니다. '노크'는 수학적 지식과 스킬만을 무리하게 밀어넣지 않습니다. 왜 수학을 해야 하고, 어떻게 수학으로 가능한지 끊임없이 스스로 생각하게하는 계기로서의 활동이 되려 합니다. 일상으로부터 괴리된 학문으로서의 수학이 아닌, 삶을 살아가며 반드시 키워야 할 논리적, 합리적 사고력을 기를 수 있는 누구에게나 가장 중요한 경쟁력으로서의 수학을 주장합니다. '노크'야말로 새로운 수학 학습의 길을 보여주는 방향타가 될 것입니다.

한 현 조

이 책의
구성과 특징

✽ 흥미로운 단원 도입

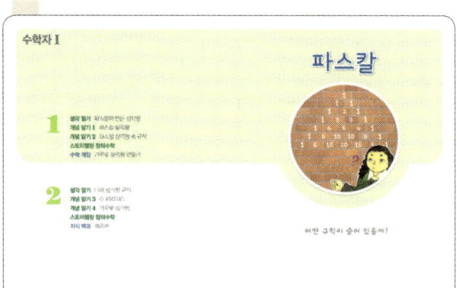

테마 Story

● 이야기의 주제와 단원 내용을 소개함으로써 학습 내용에 흥미를 가질 수 있도록 합니다.

● 단원과 관련된 그림과 질문을 통해 배울 내용을 미리 생각해 볼 수 있습니다.

수학 이야기

● 재미있는 이야기를 통해 학습 주제에 대한 흥미와 관심을 높일 수 있습니다.

● 과학, 예술, 역사, 수학사, 실생활 등 다양한 이야기를 수학적 개념과 관련지어 수학의 가치와 필요성을 느낄 수 있도록 합니다.

✽ 창의적인 내용 전개

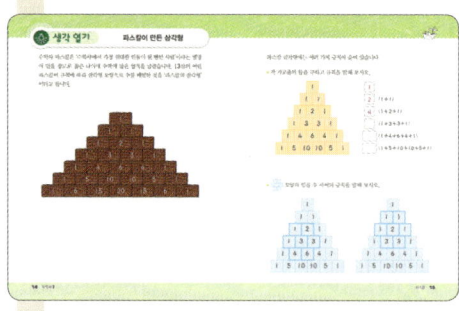

🔆 생각 열기

● 수학적 개념, 원리, 법칙을 자유로운 생각과 다양한 활동을 통해 발견할 수 있도록 합니다.

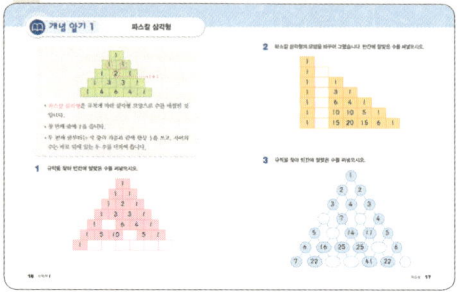

📖 개념 알기

● 단원별 4개의 소주제를 제시하였고, 학습 목표를 쉽게 이해할 수 있도록 설명해 놓았습니다.

● 기본 유형 문제와 간단한 응용 문제로 구성되어 있어 수학적 사고력을 단계적으로 기를 수 있습니다.

이야기 수학_ 이야기 속 문제 상황을 통해 호기심을 유발하고, 단원에서 배우게 될 내용을 예측하고 발견할 수 있도록 하였습니다.

사고력 수학_ 주제별 기본개념을 이해하고, 확인학습을 통해 개념을 익히고 다질 수 있도록 하였습니다.

창의력 수학_ 다양한 방법으로 심화 문제를 해결함으로써 문제 해결 능력, 의사소통 능력, 추론 능력을 향상시킬 수 있도록 하였습니다.

❋ 창의사고력 심화 학습

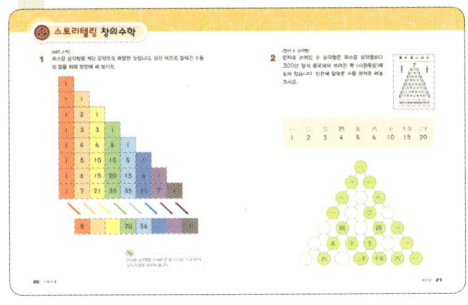

☢ 스토리텔링 창의수학

● 주제와 관련된 창의 사고력 수학 문제를 제시하여 학습 내용을 좀 더 다양하고 깊게 탐구해 볼 수 있습니다.

● 다른 학문 분야나 생활 속 현상 등과 같은 다양한 소재로 문제 해결력, 융합적 사고력을 기를 수 있습니다.

❋ 재미있는 활동과 읽을거리

🎲 수학 게임

● 만들기 활동으로 수학에 관심과 흥미를 가지고 수학의 가치를 이해하며, 자연스러운 학습으로 자신감을 키울 수 있습니다.

● 수학 게임으로 재미있게 수학을 학습하고, 게임의 규칙과 승리 전략을 탐구하며 논리적인 사고력을 기를 수 있습니다.

📁 지식 백과

● 각 단원의 마지막에 있는 읽을거리로 사회, 과학, 예술 및 실생활 사례 등을 수학적으로 바라볼 수 있도록 하였습니다.

● QA는 지식을 업그레이드 할 수 있는 코너로 아이들 눈에 궁금할 수 있는 질문과 그에 대한 명쾌한 답을 실었습니다.

❋ 빠른 답과 바른 풀이

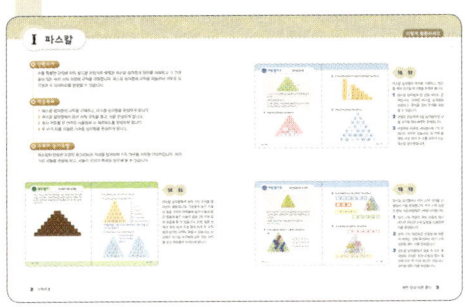

● 각 단원을 간단히 소개하고 학습 목표 및 방향을 바로 세울 수 있게 구성하였습니다. 빠르고 쉽게 정답을 확인할 수 있으며 학부모용 활용 방법을 제시하여 학습지도에 도움이 되도록 하였습니다.

이 책의 차례 C O N T E N T S

수학자 I

파스칼 ·········· 8

개념 알기

1 파스칼 삼각형
2 파스칼 삼각형 속 규칙
3 수 피라미드
4 거꾸로 삼각형

3, 6, 10은 삼각수
4, 9, 16은 사각수…

수학자 II

피타고라스 ·········· 38

개념 알기

1 바둑돌 규칙
2 삼각수
3 사각수
4 검은 돌, 흰 돌

수학자 Ⅲ

피보나치 68

개념 알기
1 피보나치 수열
2 피보나치 사각형
3 목표수
4 계단 오르기

수학자 Ⅳ

가우스 98

개념 알기
1 가우스 계산법
2 중앙수 계산법
3 합이 같은 두 수
4 합이 같은 세 수

수학자 I

1

생각 열기 파스칼이 만든 삼각형

개념 알기 1 파스칼 삼각형

개념 알기 2 파스칼 삼각형 속 규칙

스토리텔링 창의수학

수학 게임 거꾸로 삼각형 만들기

2

생각 열기 나의 삼각형 규칙

개념 알기 3 수 피라미드

개념 알기 4 거꾸로 삼각형

스토리텔링 창의수학

지식 백과 페르마

파스칼

어떤 규칙이 숨어 있을까?

파스칼은 프랑스의 한 마을에서 태어났어요.

파스칼의 아빠는 어린 파스칼을 학교에 보내지 않으셨어요.
파스칼의 몸이 약해서 아빠가 직접 가르치고 싶어 하셨거든요.

파스칼은 집에서 라틴어를 배우고 자연을 관찰하며 하루하루를 보냈어요.

수학을 따로 배우지 않았던 파스칼은
혼자 동그라미와 직선을 그리며 모양을 관찰했어요.

그러던 어느 날,
파스칼이 땅에 그린 것을 본 아빠는 깜짝 놀랐어요.
모두가 어려워 하던 책의 내용을 파스칼이 이해하고 있었거든요!

아빠와 함께 수학 공부를 시작한 파스칼은
프랑스의 수학자 모임에 참여하기 시작했어요.

그곳에서 많은 수학자들을 만나 함께 수학에 대해 토론하게 되었어요.
파스칼의 연구 발표를 들은 유명한 수학자 데카르트는 감탄을 했다고 해요.

파스칼은 아빠가 세금 계산하는 것을 돕기 위해
세계 최초로 계산기를 발명하기도 했어요.

내가 만든 계산기야!

파스칼 계산기

파스칼이 만든 삼각형

수학자 파스칼은 '수학사에서 가장 위대한 인물이 될 뻔한 사람'이라는 별명이 있을 정도로 젊은 나이에 수학에 많은 업적을 남겼습니다. 13살의 어린 파스칼이 규칙에 따라 삼각형 모양으로 수를 배열한 것을 '파스칼의 삼각형'이라고 합니다.

파스칼 삼각형에는 여러 가지 규칙이 숨어 있습니다.

● 각 가로줄의 합을 구하고 규칙을 말해 보시오.

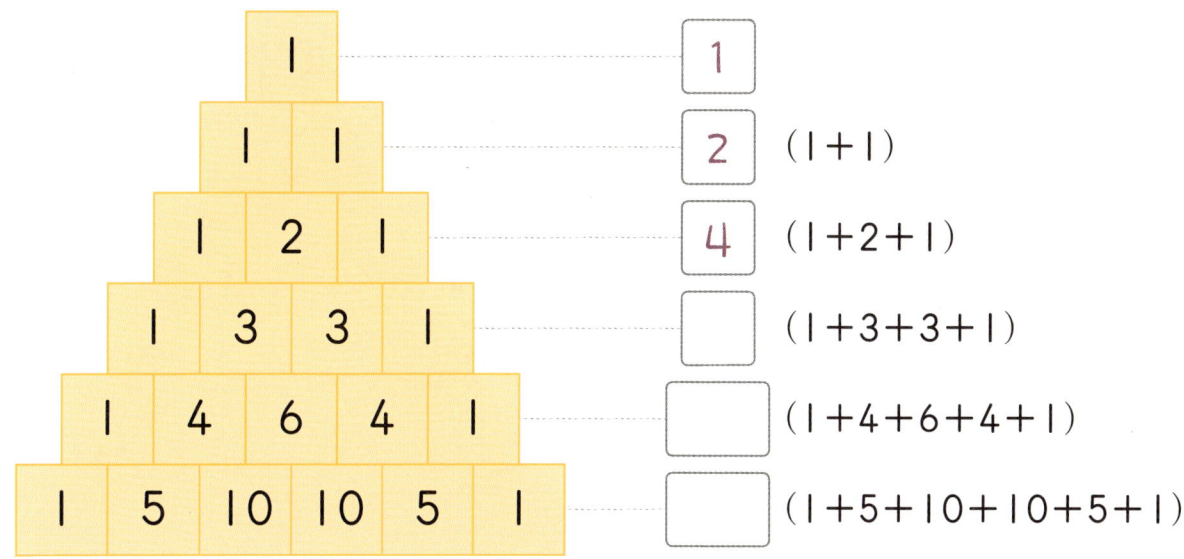

1	
2	(1+1)
4	(1+2+1)
	(1+3+3+1)
	(1+4+6+4+1)
	(1+5+10+10+5+1)

● 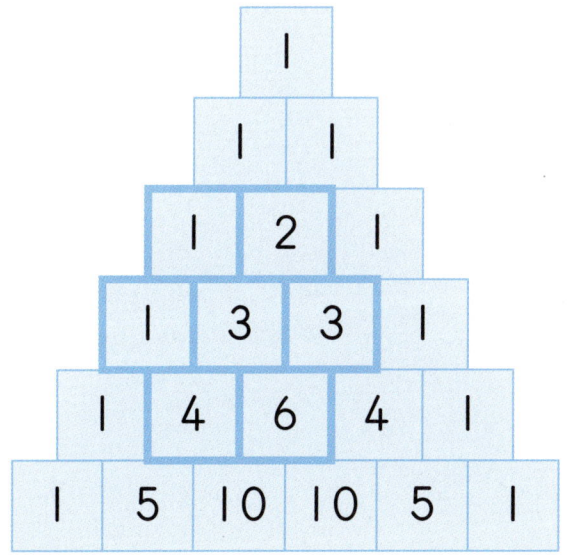 모양의 일곱 수 사이의 규칙을 말해 보시오.

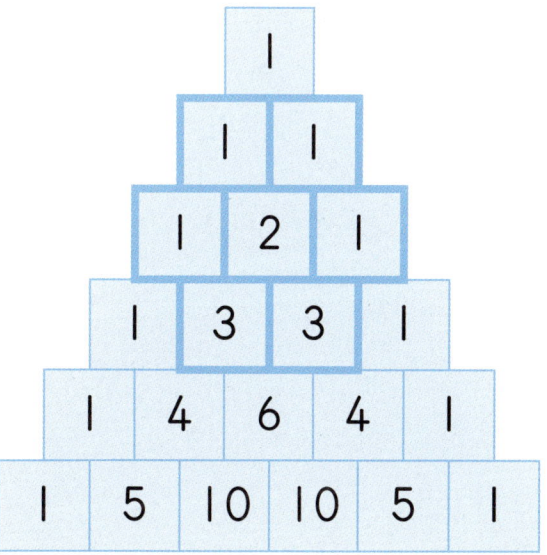

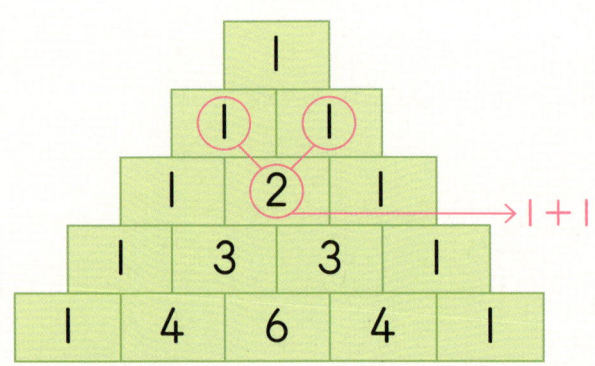

- 파스칼 삼각형은 규칙에 따라 삼각형 모양으로 수를 배열한 것입니다.

- 첫 번째 줄에 1을 씁니다.

- 두 번째 줄부터는 각 줄의 처음과 끝에 항상 1을 쓰고, 사이의 수는 바로 위에 있는 두 수를 더하여 씁니다.

1 규칙을 찾아 빈칸에 알맞은 수를 써넣으시오.

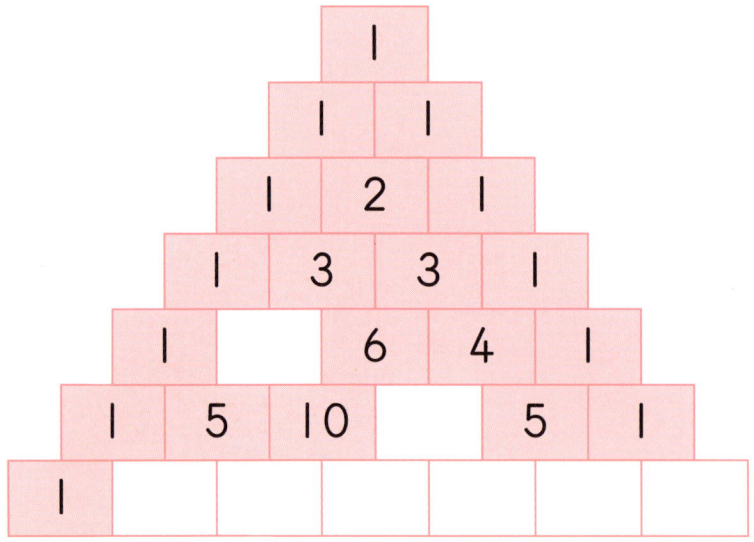

2 파스칼 삼각형의 모양을 바꾸어 그렸습니다. 빈칸에 알맞은 수를 써넣으시오.

1						
1						
1		1				
1		3	1			
1		6	4	1		
1		10	10	5	1	
1		15	20	15	6	1

3 규칙을 찾아 빈칸에 알맞은 수를 써넣으시오.

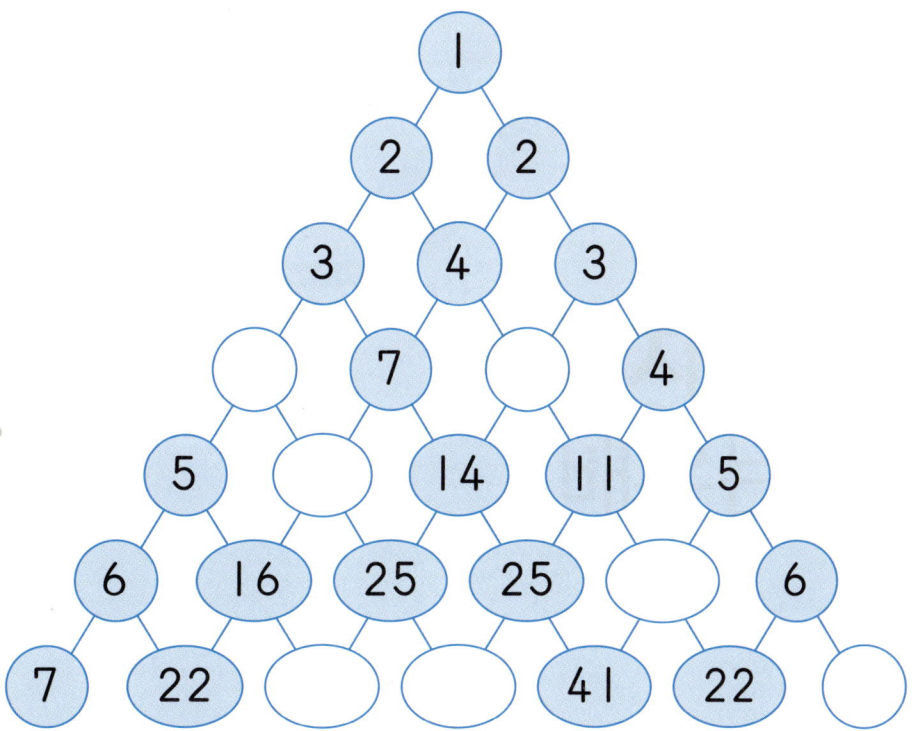

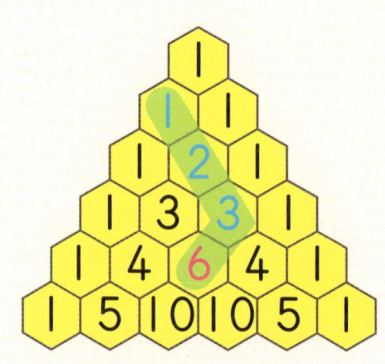

- 하키 스틱 모양( )은 파스칼 삼각형에서 비스듬히 선을 따라 수를 칠하고, 방향을 바꾸어 1개의 수를 더 칠하여 만든 모양입니다.

- 칠해진 수들 사이에는 다음과 같은 규칙이 있습니다.

➡ 1＋2＋3＝6

1 주어진 수들을 찾아 색칠하고 ＋, ＝를 넣어 식을 완성하시오.

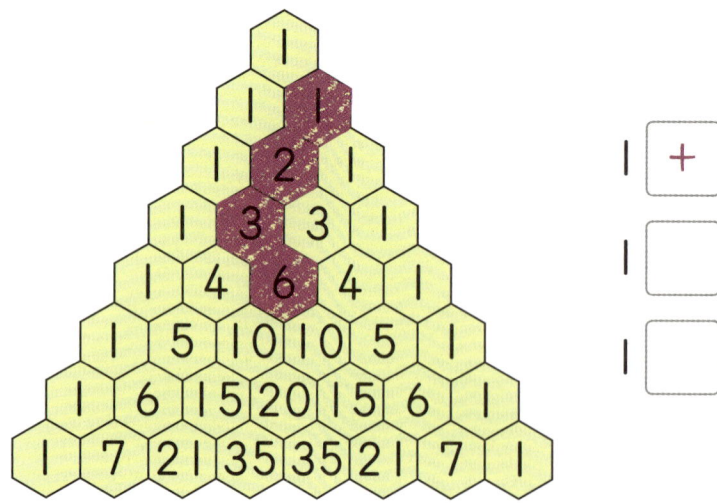

1	+	2	+	3	=	6

1		4		10		15

1		5		15	,	21

2 파스칼 삼각형에서 하키 스틱 모양을 찾아 식을 완성하시오.

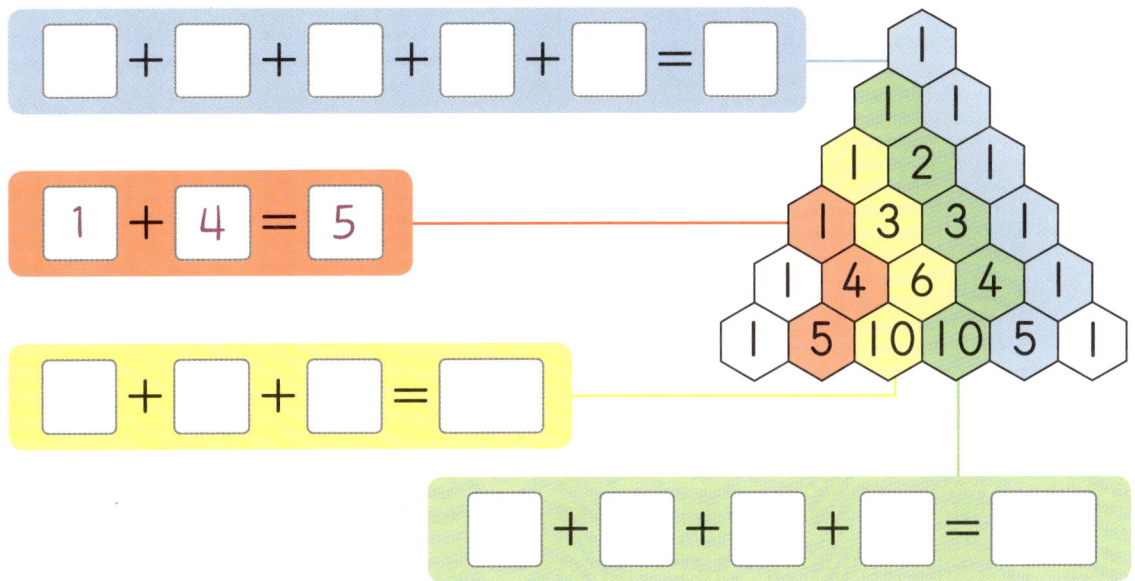

☐ + ☐ + ☐ + ☐ + ☐ = ☐

1 + 4 = 5

☐ + ☐ + ☐ = ☐

☐ + ☐ + ☐ + ☐ = ☐

3 파스칼 삼각형에서 꽃 모양을 찾아 식을 완성하시오.

3 + 1 + 6 + 4 + 1 = 15

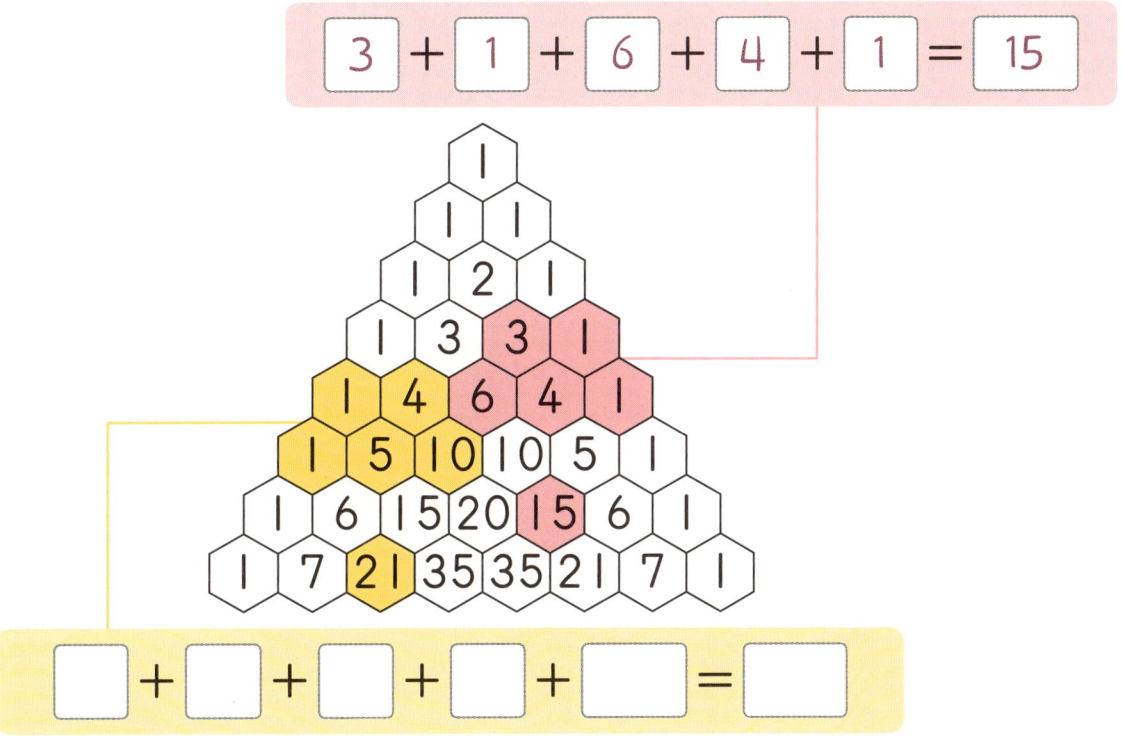

☐ + ☐ + ☐ + ☐ + ☐ = ☐

[하키 스틱]

1 파스칼 삼각형을 계단 모양으로 배열한 것입니다. 같은 색으로 칠해진 수들의 합을 아래 빈칸에 써 보시오.

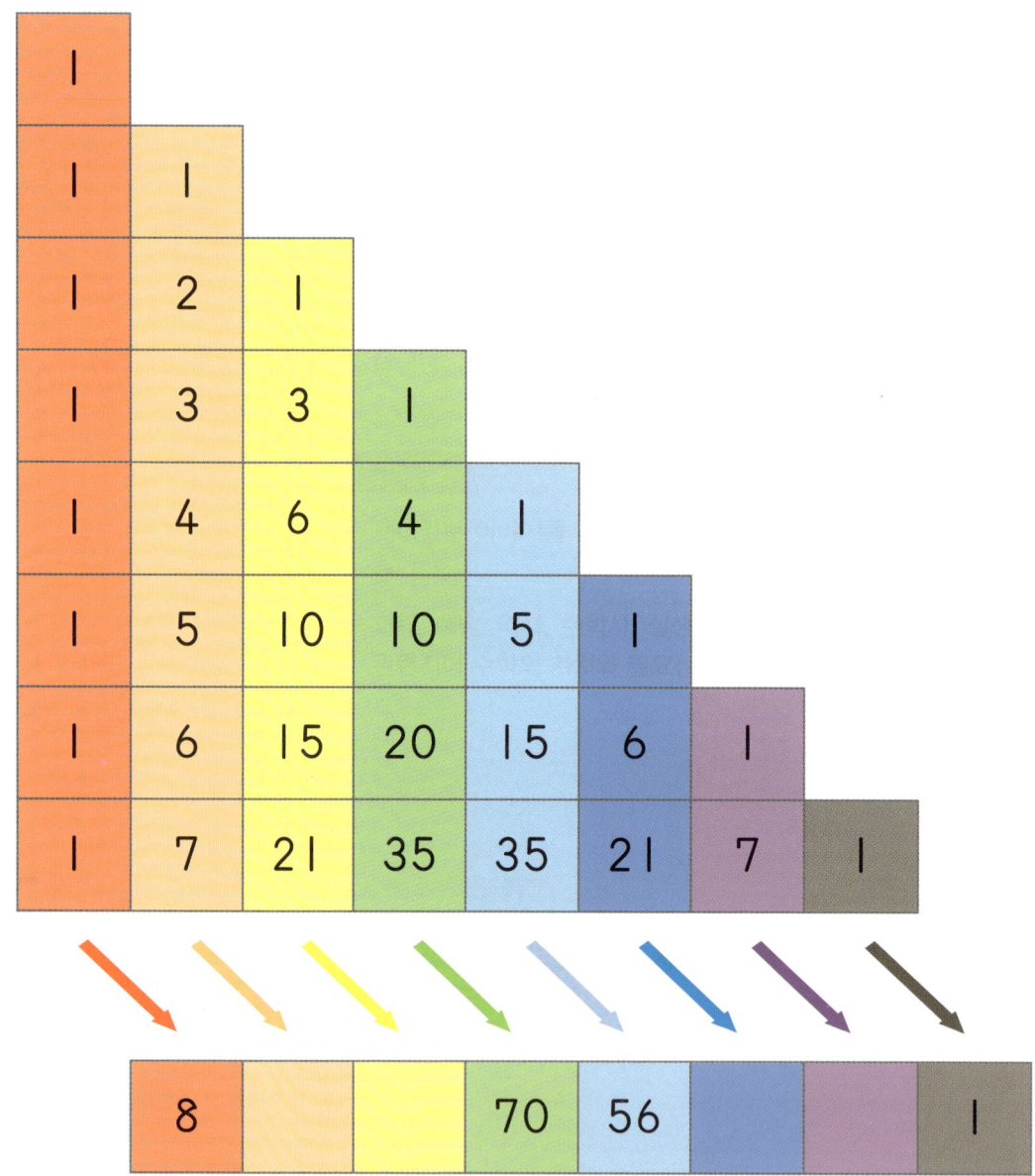

[한자 수 삼각형]

2 한자로 쓰여진 수 삼각형은 파스칼 삼각형보다 300년 앞서 중국에서 쓰여진 책 〈사원옥감〉에 실려 있습니다. 빈칸에 알맞은 수를 한자로 써넣으시오.

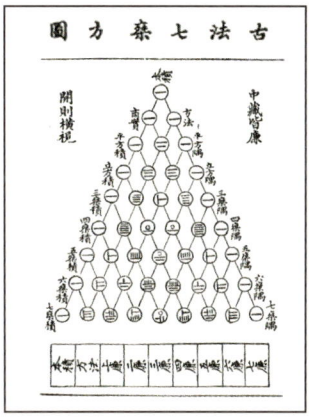

一	二	三	四	五	六	十	十五	二十
1	2	3	4	5	6	10	15	20

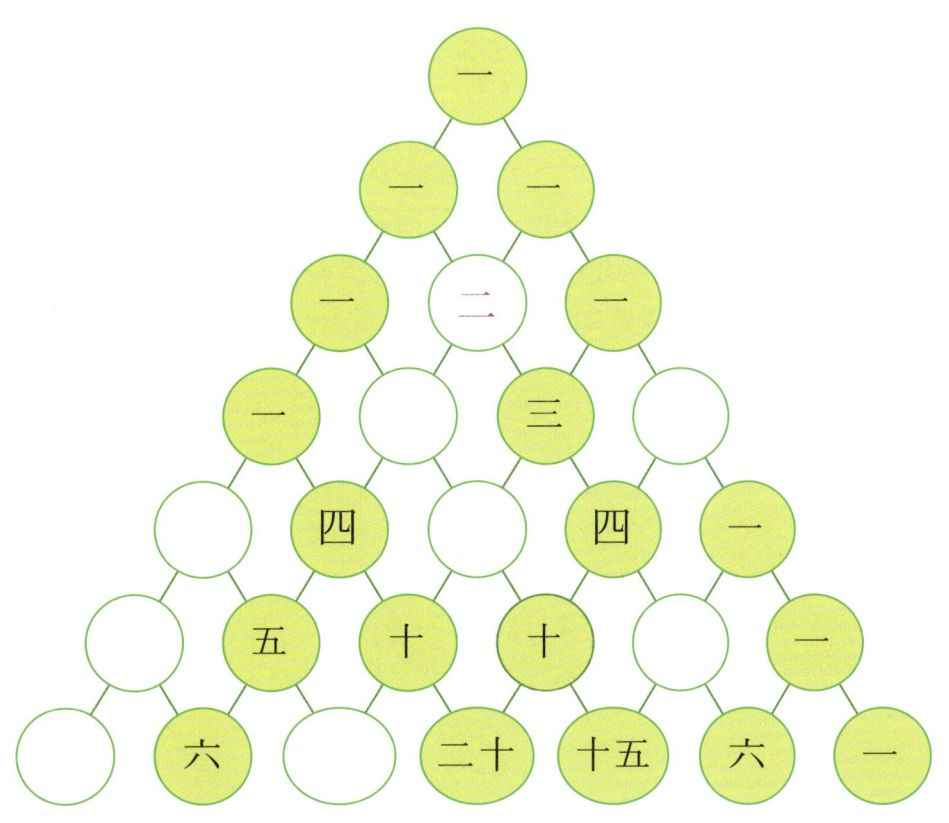

[파스칼 삼각형 그림]

3 파스칼 삼각형에 들어가는 수들의 일의 자리 숫자만 쓰고, 일정한 규칙에 따라 색칠하면 아름다운 그림이 됩니다. 색칠한 수의 규칙을 말하고 그림을 완성하시오.

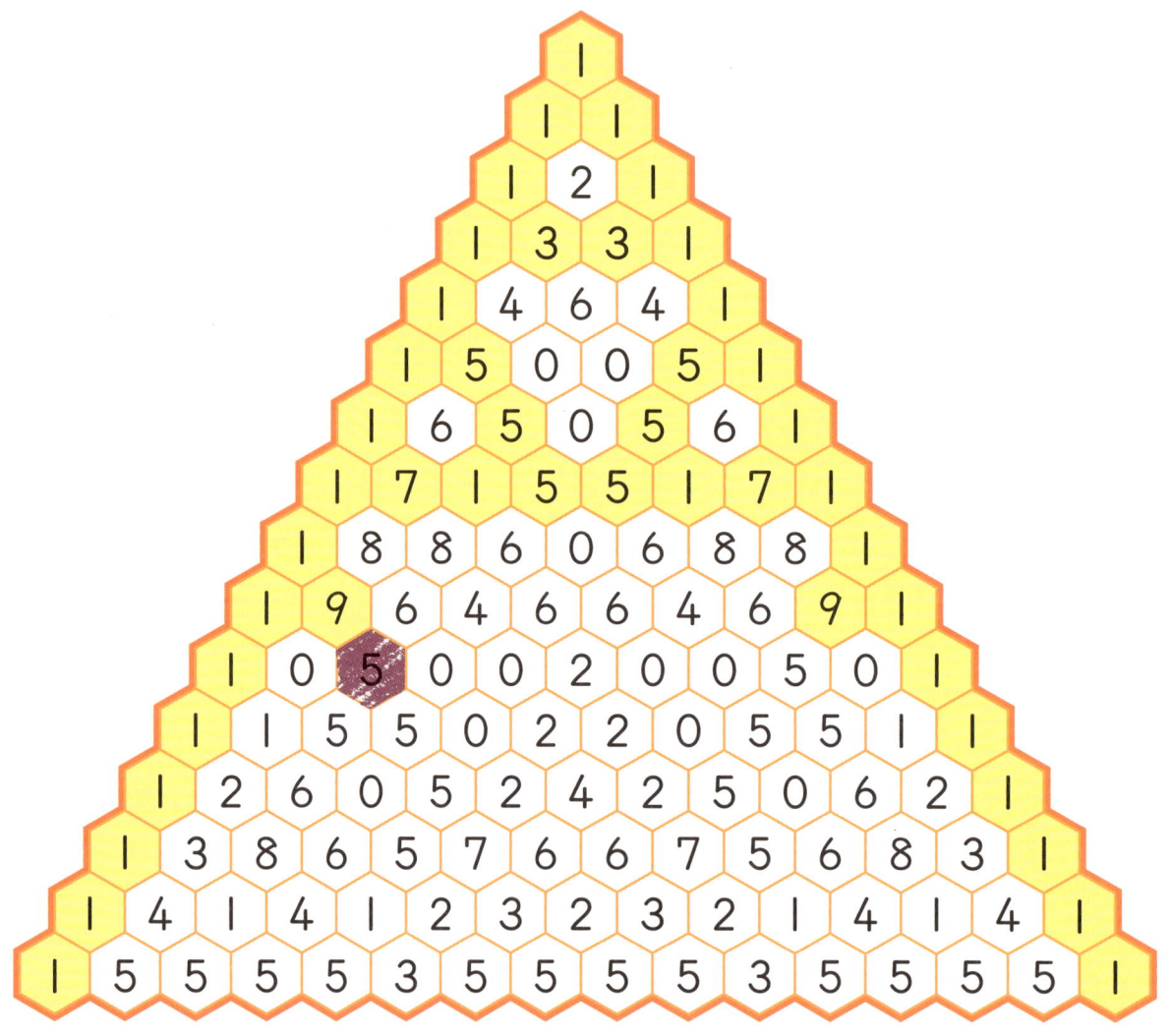

Tip

색칠된 곳의 숫자를 찾아보면 1, 3, 5, 7, 9입니다.

[파스칼과 피보나치]

4 파스칼의 삼각형을 계단 모양으로 바꾸어 놓았습니다. 화살표 방향으로 합을 구하고, 다음에 나올 수를 구해 보시오.

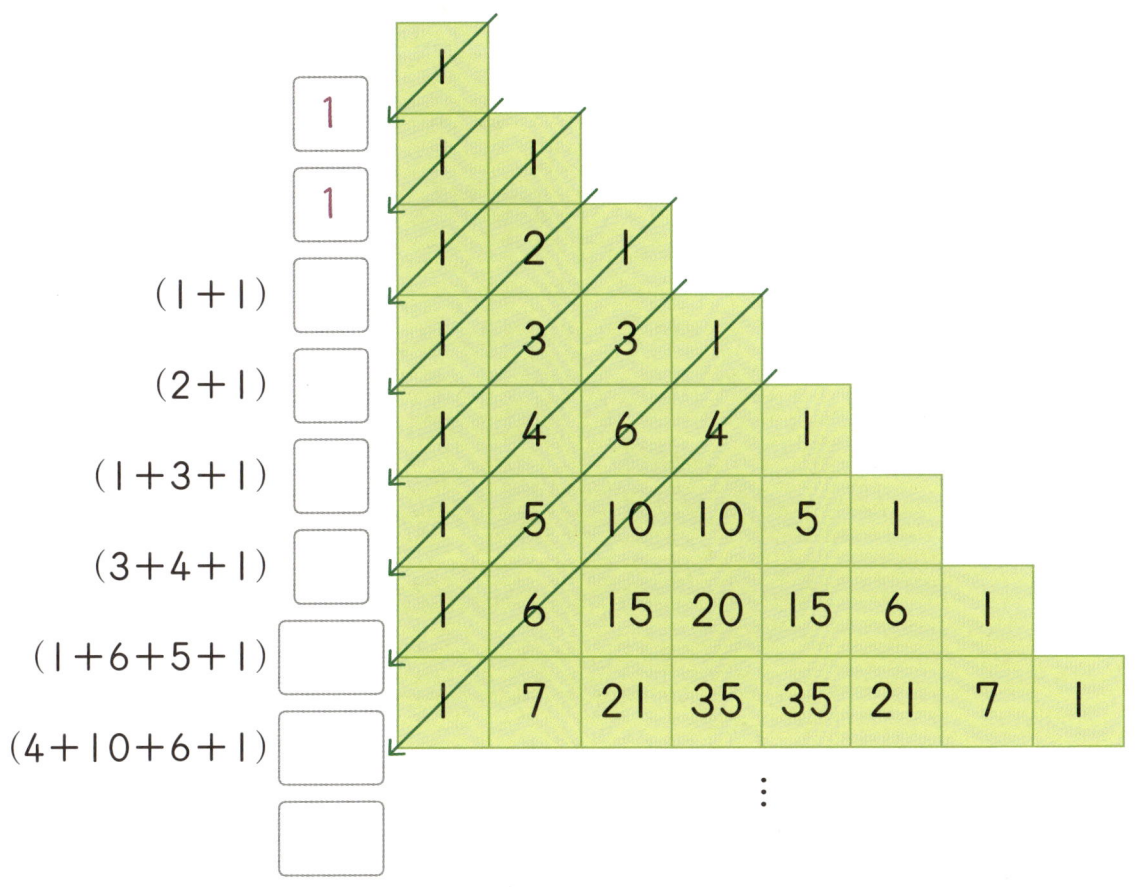

Tip

합을 구한 다음 수들의 규칙을 찾아봅니다.

1, 1, 2, 3, 5, …

앞의 두 수를 더한 수가 다음 수가 되는 규칙입니다. 이런 규칙을 가진 수들의 나열을 피보나치 수열이라고 합니다.

 **수학 게임** **거꾸로 삼각형 만들기**

이웃한 두 수의 합과 차를 이용하여 거꾸로 삼각형을 만들어 봅시다.

 준비물 숫자 카드(0~9) 3세트

게임 방법

❶ 숫자 카드 3세트를 잘 섞고 5장을 가져와서 일렬로 내려놓습니다. 나머지 카드는 뒤집어서 쌓아 둡니다.

❷ 쌓아 놓은 카드에서 1장을 가져옵니다.

❸ 가져온 카드가 바닥에 놓인 5장의 카드에서 이웃한 두 수의 합 또는 차이면 두 카드의 가운데에 내려놓습니다. (단, 두 수의 합이 10이 되는 경우는 숫자 카드 0을 내려놓고, 내려놓을 곳이 없는 카드는 버립니다.)

4는 9와 5의
차이니까
여기에 놓아야지!

❹ 거꾸로 삼각형 모양이 완성될 때까지 진행합니다.

예   성공한 경우   실패한 경우

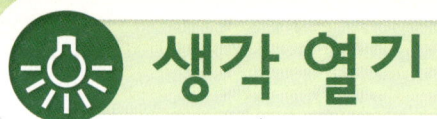

생각 열기 나의 삼각형 규칙

어떤 규칙이 숨어 있을까요?

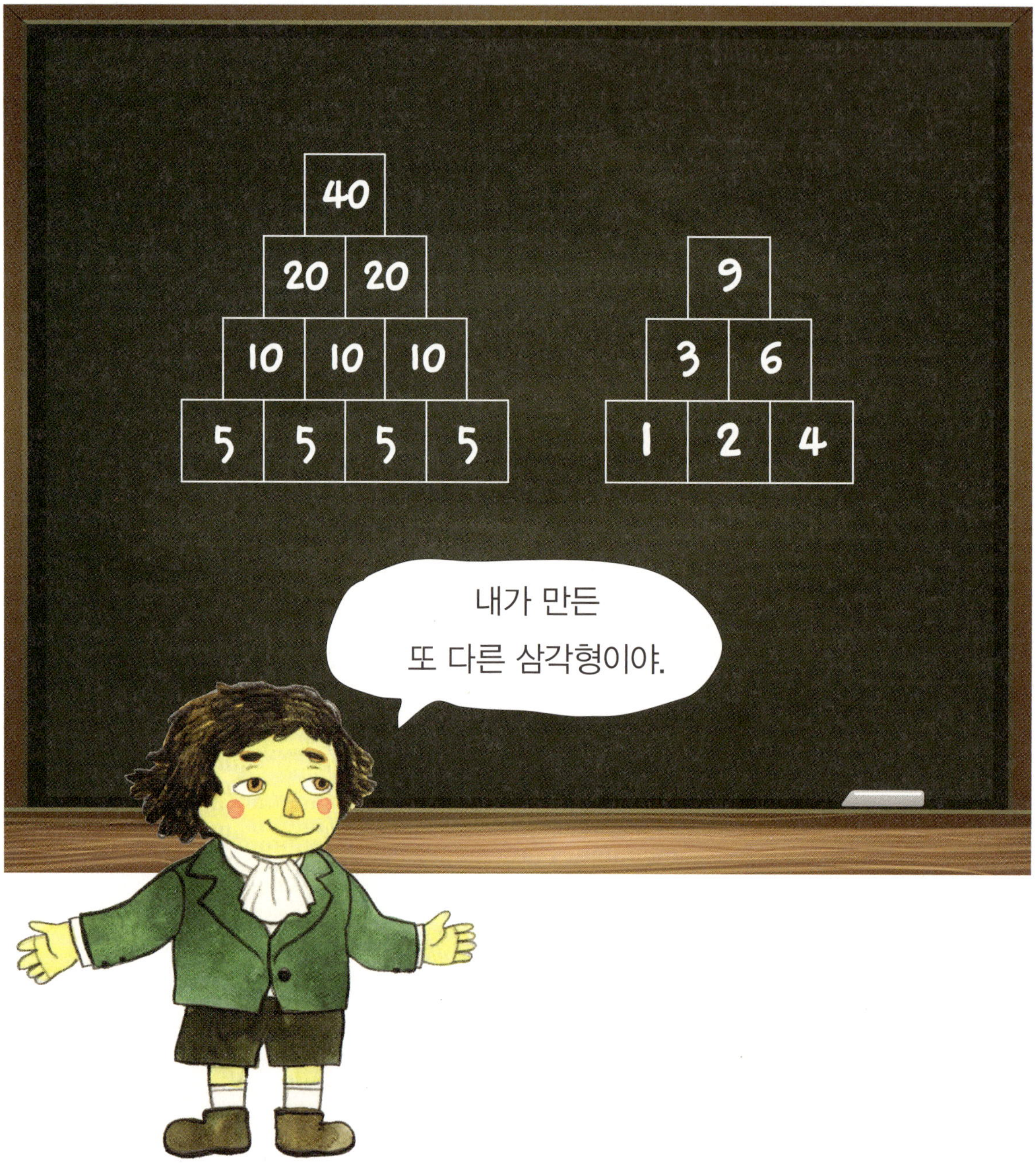
40
20 20
10 10 10
5 5 5 5
9
3 6
1 2 4
내가 만든
또 다른 삼각형이야.

나만의 삼각형을 만들어 보시오.

_____ 의 삼각형

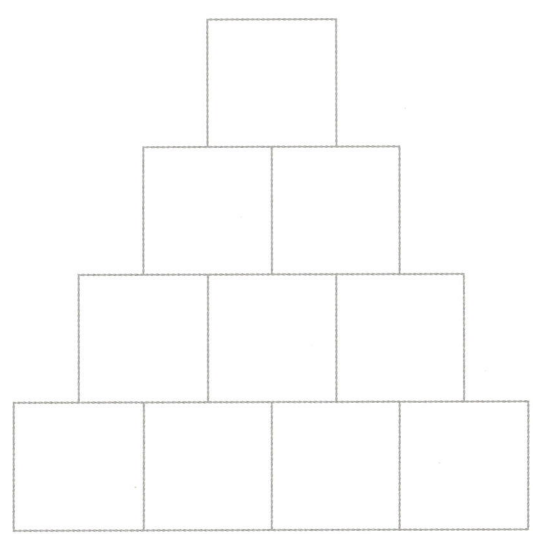

규칙 설명하기

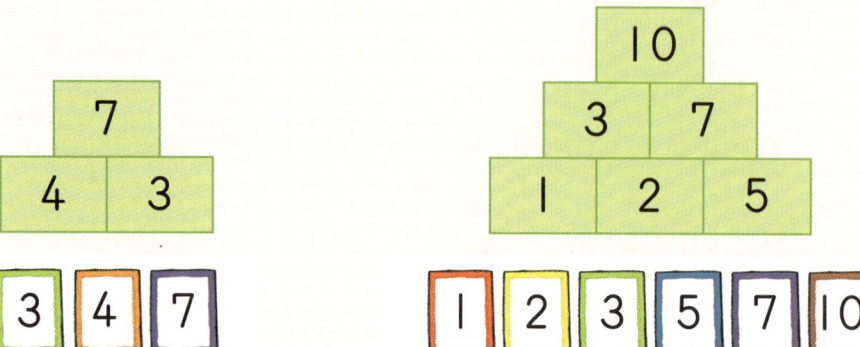

- 주어진 수 카드는 한 번씩만 사용합니다.
- 아랫줄의 이웃한 두 수를 더한 값을 윗줄에 씁니다.

1   주어진 수 카드를 사용하여 수 피라미드를 완성하시오.

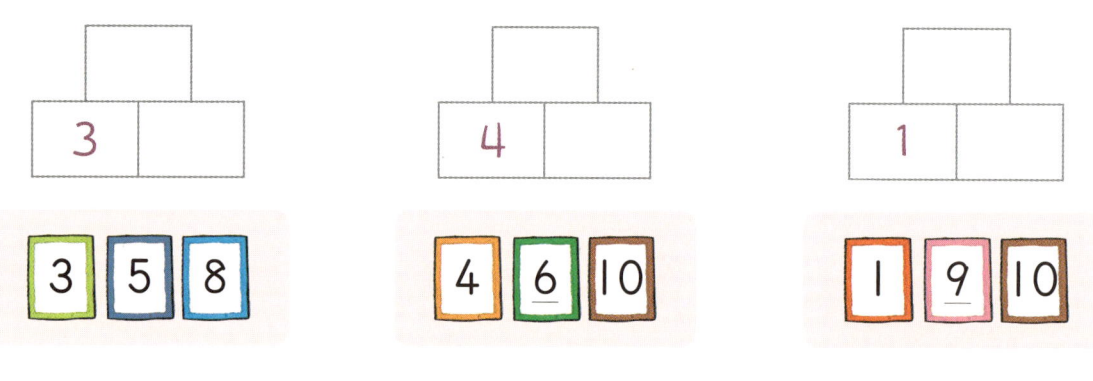

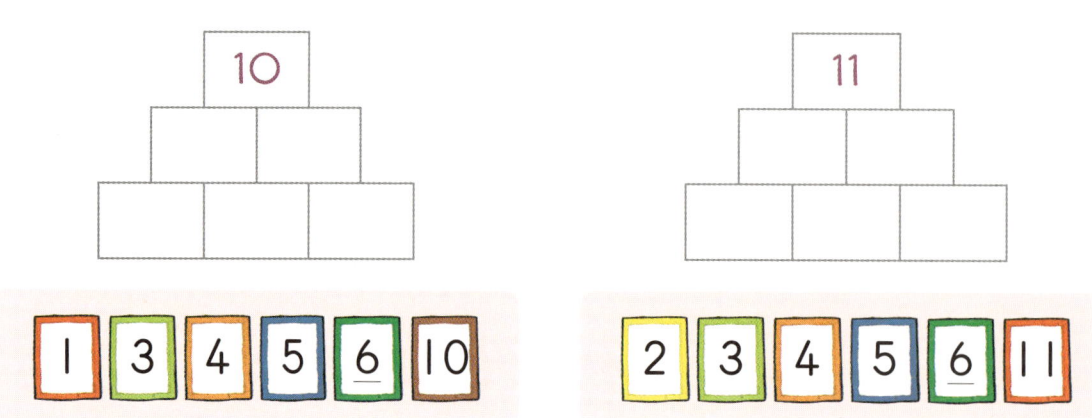

2 주어진 수 카드를 사용하여 수 피라미드를 완성하시오.

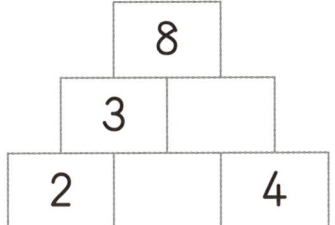

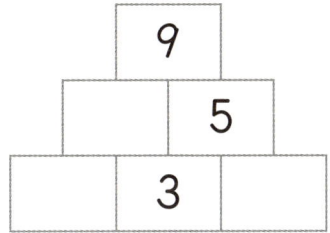

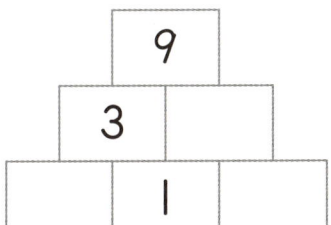

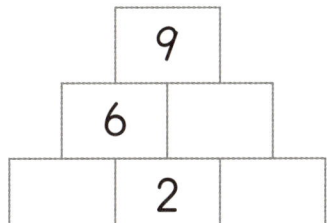

3 숫자 카드 ①, ②, ④ 를 맨 아랫줄에 넣어 수 피라미드를 완성하시오.

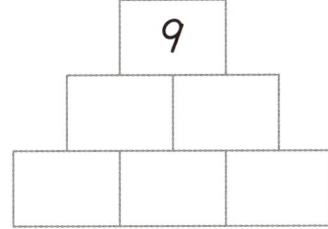

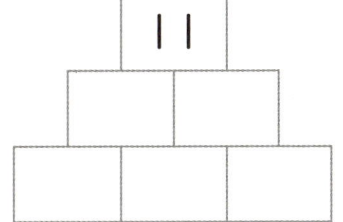

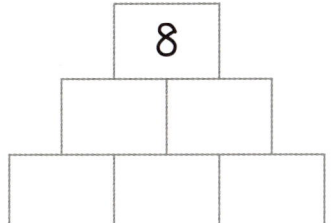

거꾸로 삼각형

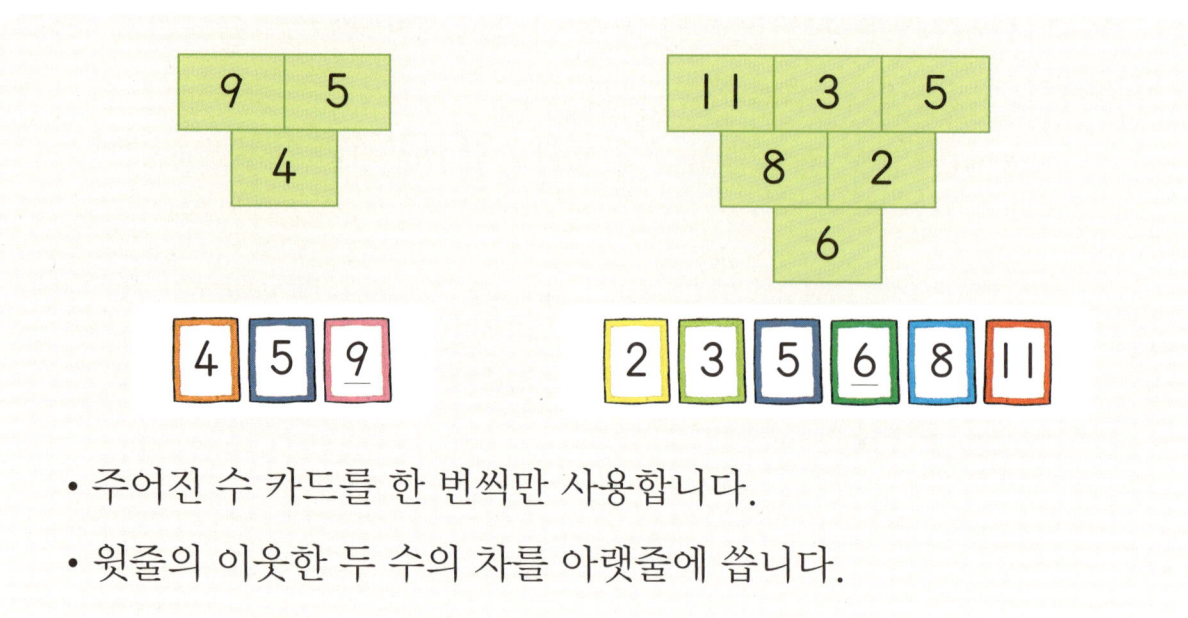

- 주어진 수 카드를 한 번씩만 사용합니다.
- 윗줄의 이웃한 두 수의 차를 아랫줄에 씁니다.

1 주어진 수 카드를 사용하여 수 피라미드를 완성하시오.

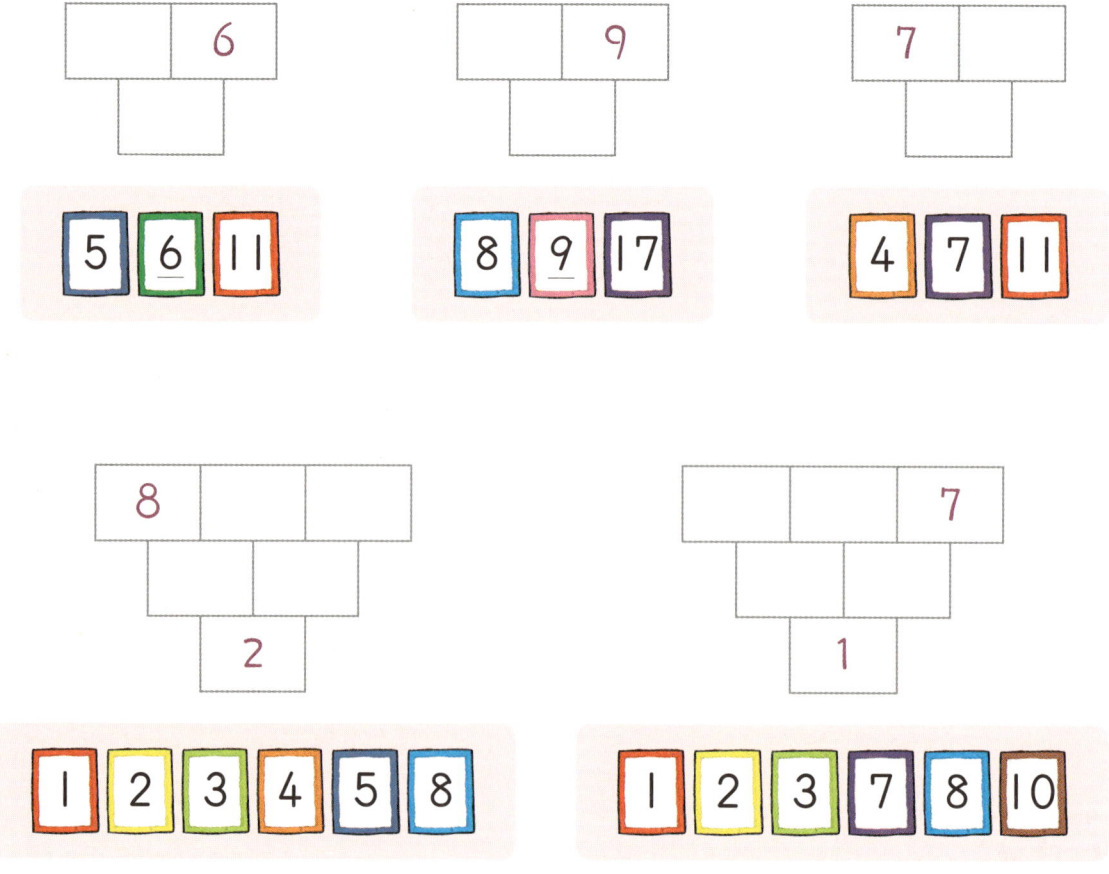

2 |, 3, 6, |0 중 세 수를 골라 윗줄 세 칸에 넣어 거꾸로 삼각형을 완성하시오.

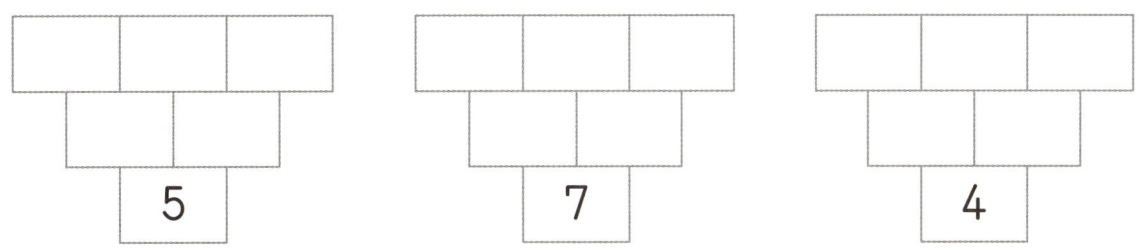

3 |에서 |2까지의 수를 한 번씩만 써서 다음 거꾸로 삼각형을 완성하시오.

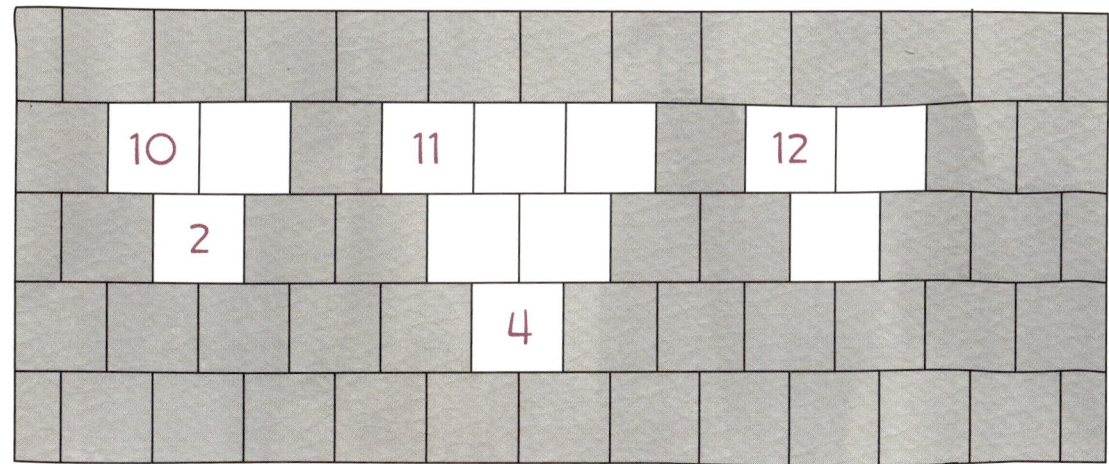

 # 스토리텔링 창의수학

[같은 수 삼각형]

1 다음 규칙에 따라 빈칸에 알맞은 수를 써넣으시오.

> **규칙**
>
> ❶ 첫 번째 줄에는 모두 같은 수를 씁니다.
> ❷ 이웃한 두 수를 더하여 아랫줄에 씁니다.

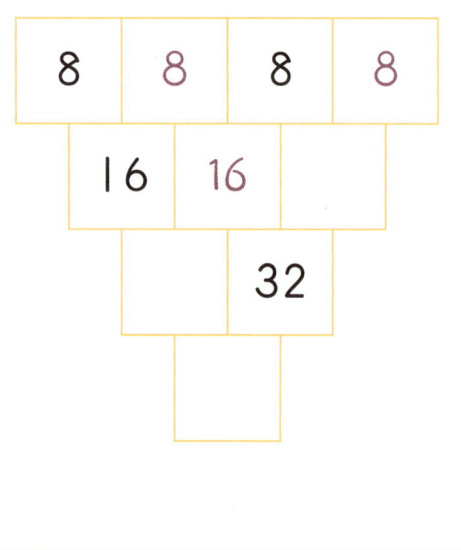

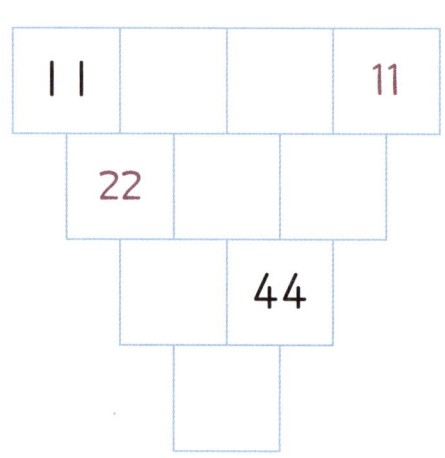

2 숫자 카드를 한 번씩만 사용하여 수 피라미드와 거꾸로 삼각형을 만들어 보시오.

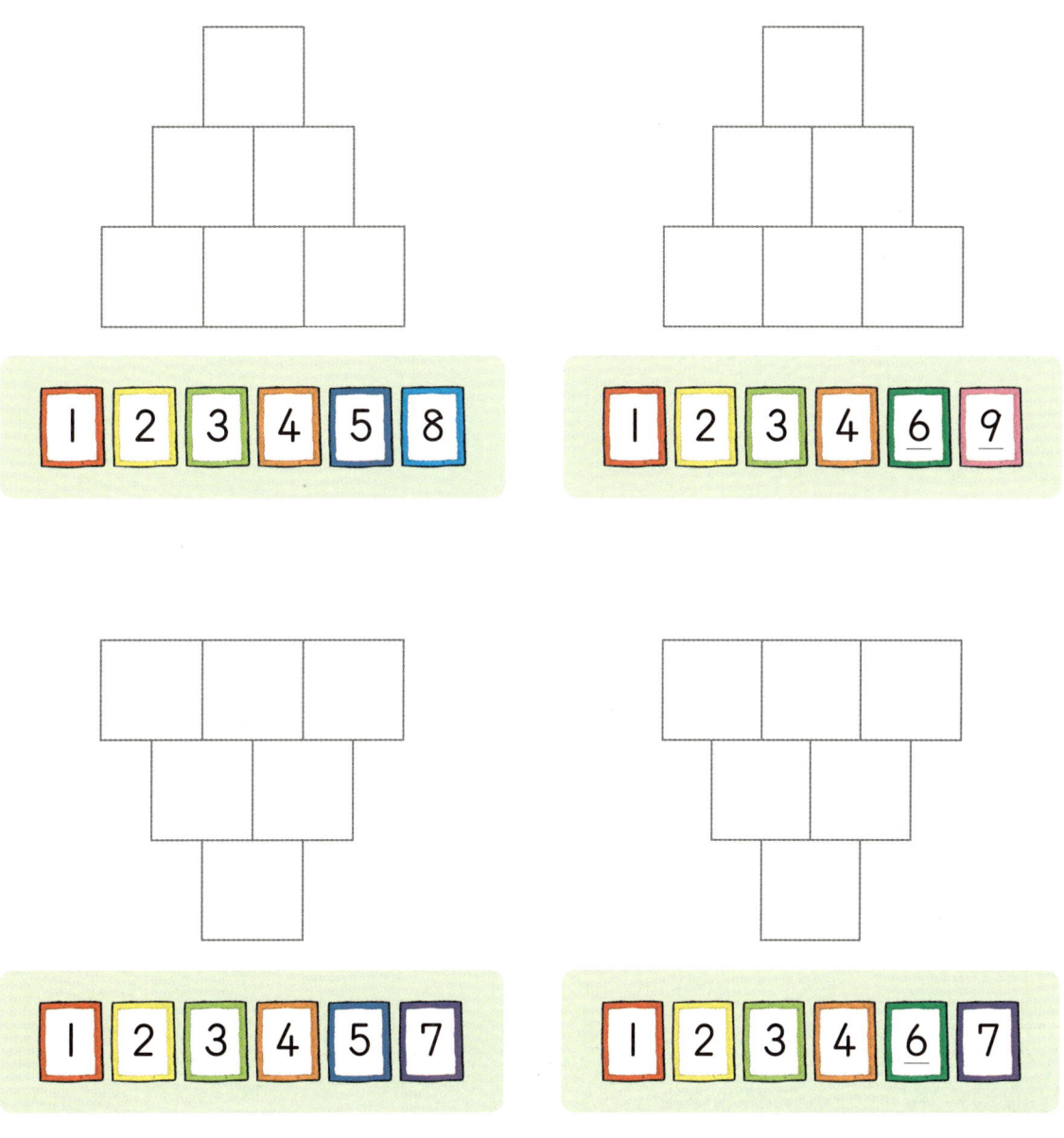

[구슬 피라미드]

3 다음 규칙에 따라 빈칸에 알맞은 수를 써넣으시오.

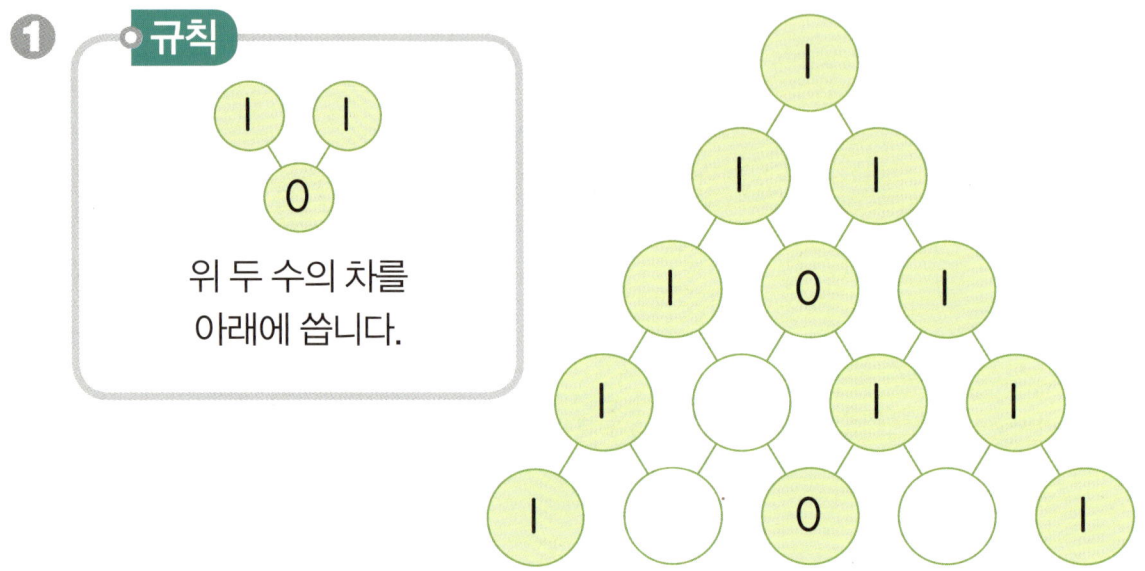

❶ 규칙

위 두 수의 차를
아래에 씁니다.

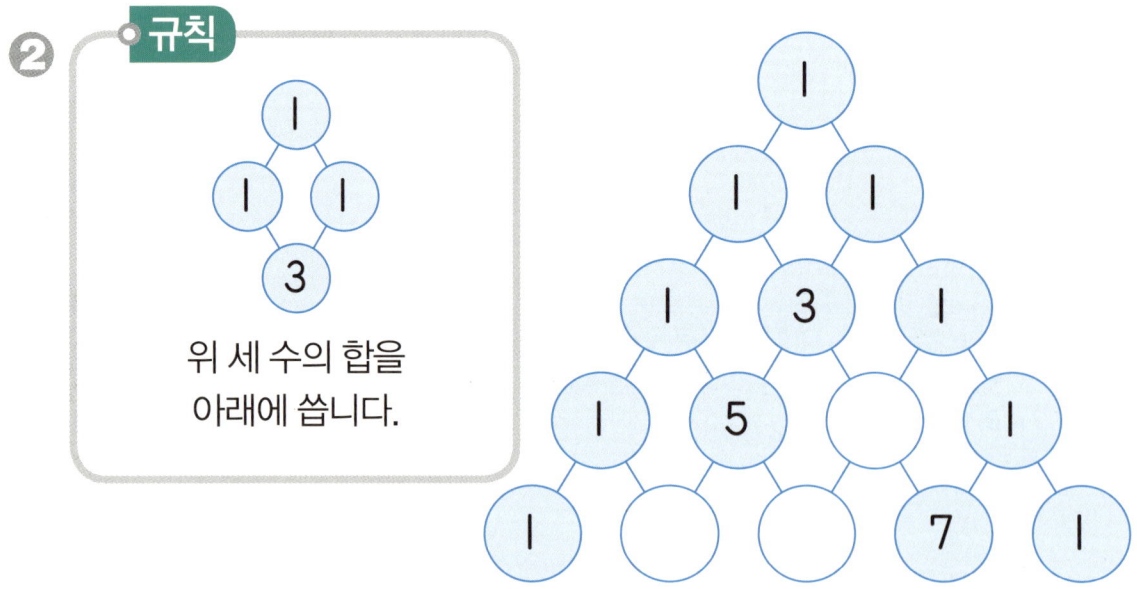

❷ 규칙

위 세 수의 합을
아래에 씁니다.

4 파스칼 삼각형을 흉내내어 만든 나비 삼각형입니다. 규칙을 찾아 빈칸에 알맞은 수를 써넣으시오.

지식 백과

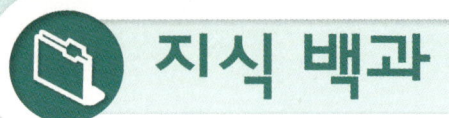

페르마

프랑스 지방법원의 법관이었던 페르마는 수학에 관심이 많았습니다. 재판이 없을 때는 책에 나온 수학 문제를 풀기도 하고 직접 문제를 만들기도 했습니다. 그 당시 최고의 수학자인 파스칼과 함께 어려운 문제들을 해결하여 페르마는 파스칼이 '파스칼 삼각형'을 만드는 데 큰 도움을 주었습니다.

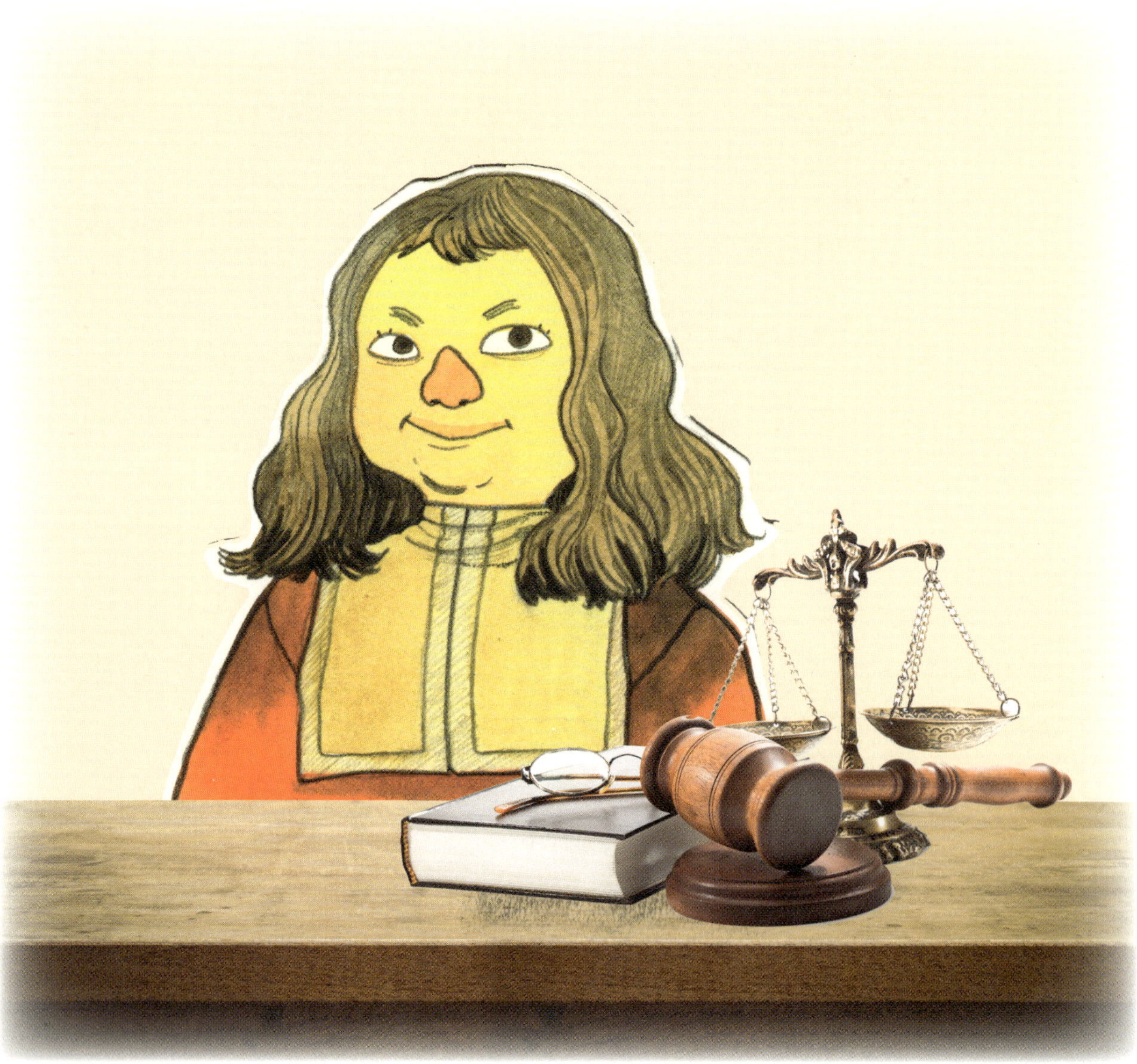

Q 페르마의 마지막 정리는 왜 유명할까요?

A 페르마는 디오판토스가 쓴 〈산술〉이라는 수학책을 좋아했다고 합니다. 페르마는 책의 빈 여백에 해결되지 않은 문제에 대한 아이디어와 풀이를 써두었습니다. 그중 한 문제에 대해서는 다음과 같은 말을 남겼습니다.

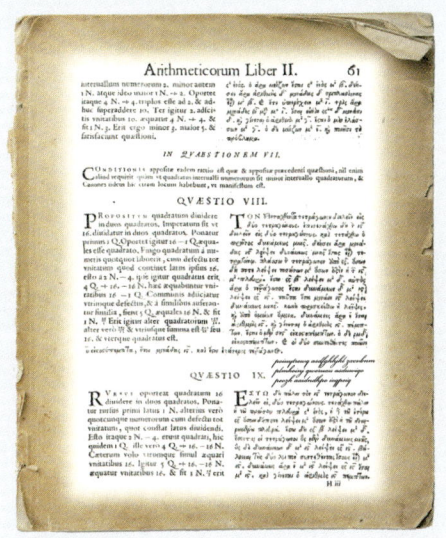

"나는
이 어려운 문제를 해결했지만
책의 빈 공간이 너무 좁아서
쓰지 않겠다."

이 문제를 오랜 시간 동안 많은 수학자들은 해결하지 못하고 힘들어 했습니다. 페르마가 죽은지 330년 만인 1995년에 영국 케임브리지 대학의 수학 교수 앤드류 와일즈가 이 문제를 해결했습니다.

수학자 II

1

생각 열기 통나무 쌓기

개념 알기 1 바둑돌 규칙

개념 알기 2 삼각수

스토리텔링 창의수학

수학 게임 피타고라스 퍼즐

2

생각 열기 커져라 사각형

개념 알기 3 사각수

개념 알기 4 검은 돌, 흰 돌

스토리텔링 창의수학

지식 백과 탈레스

피타고라스

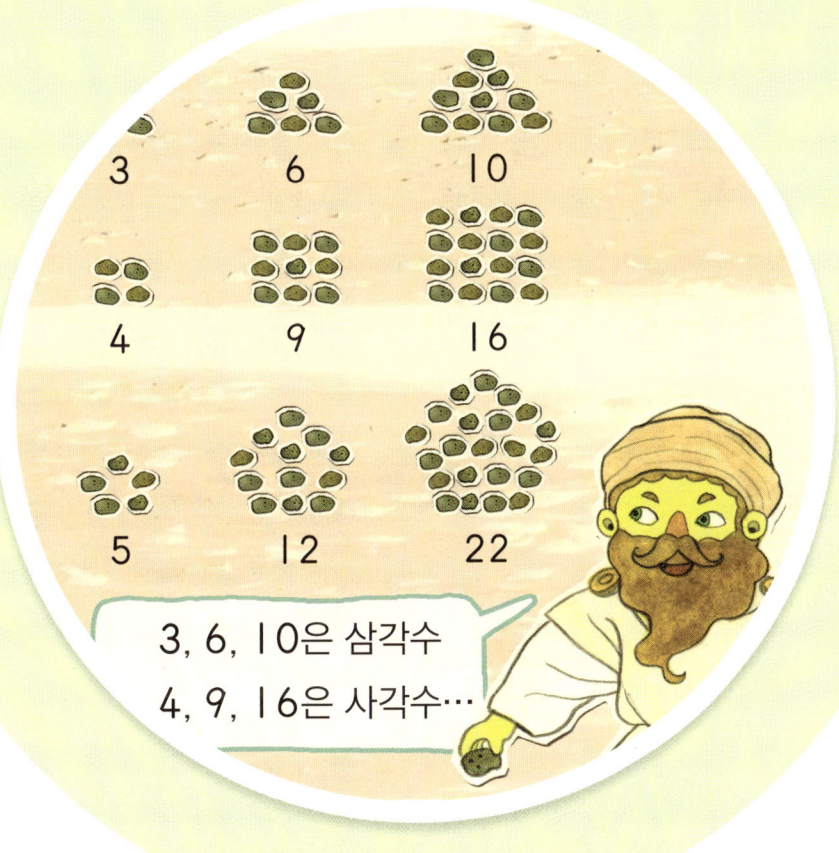

수를 모양으로 표현할 수 있다고?

어려서부터 수학, 철학, 과학 분야에 뛰어났던 피타고라스는
학교를 만들어 학생들을 가르쳤어요.

수를 매우 사랑한 피타고라스는 수의 관계와 의미를 정리하기 시작했어요.
이런 피타고라스의 노력으로 수에는 특별한 의미가 생기게 되었어요.

1	가장 존경받는 수, 모든 수의 본질 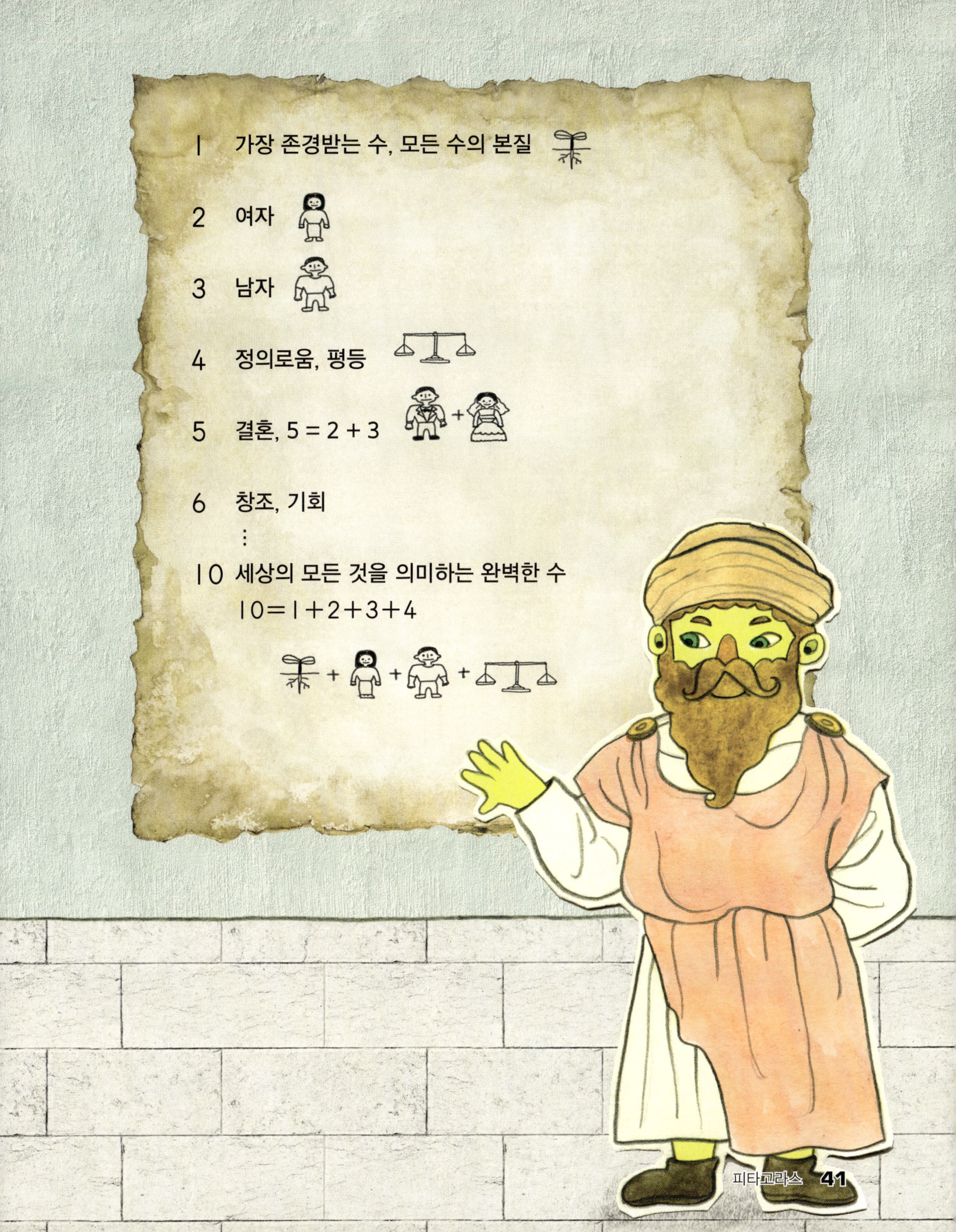
2	여자
3	남자
4	정의로움, 평등
5	결혼, 5 = 2 + 3
6	창조, 기회
	⋮
10	세상의 모든 것을 의미하는 완벽한 수

$$10 = 1 + 2 + 3 + 4$$

또한 피타고라스는 수를 모양으로 표현할 수 있다고 생각했어요.

피타고라스는
△ 모양을 닮아서 삼각수,
□ 모양을 닮아서 사각수,
⬠ 모양을 닮아서 오각수라고 이름 붙였어요.

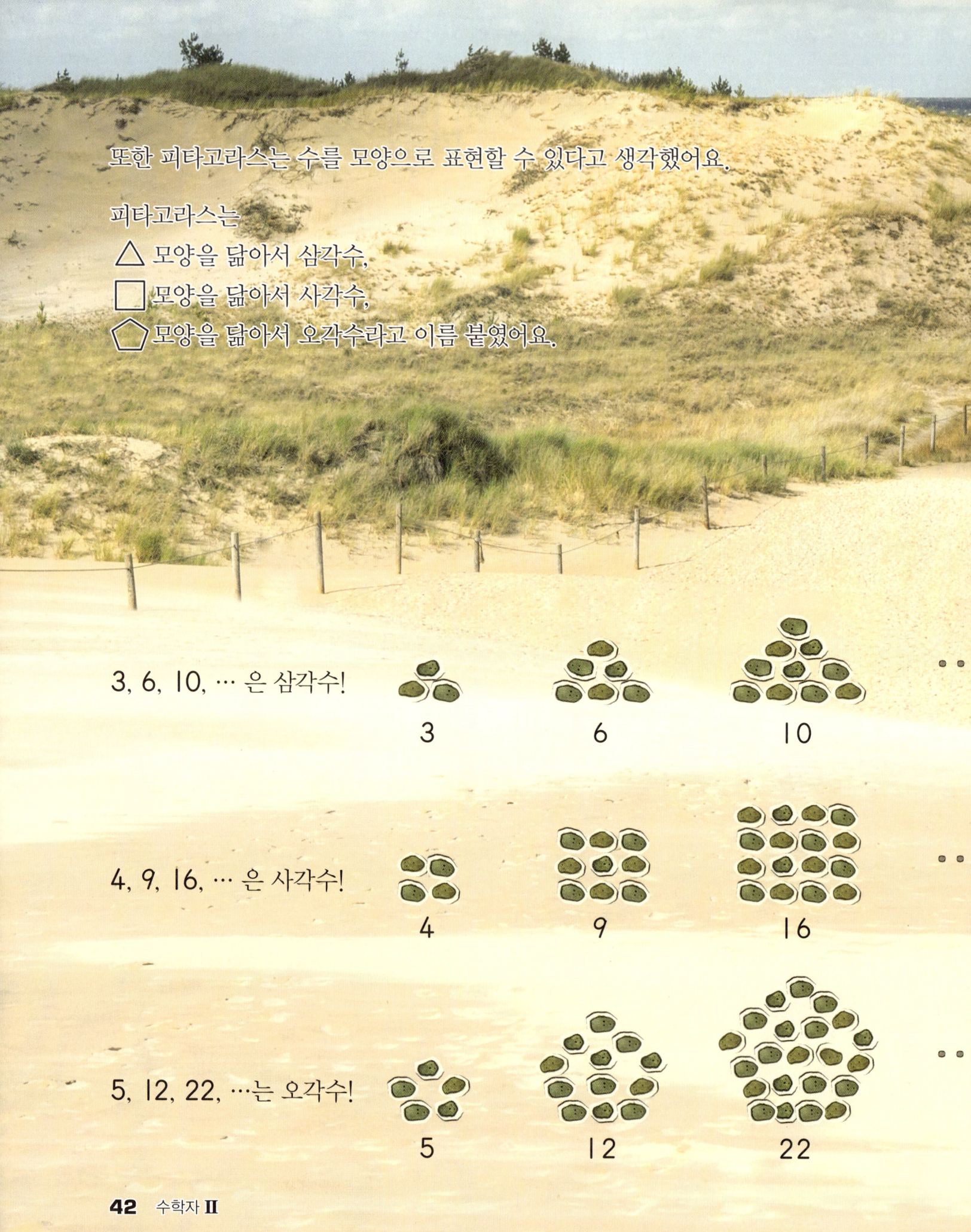

3, 6, 10, … 은 삼각수!

3   6   10

4, 9, 16, … 은 사각수!

4   9   16

5, 12, 22, …는 오각수!

5   12   22

통나무 쌓기

피타고라스가 통나무 12개를 그림과 같이 ▲ 모양으로 튼튼하게 쌓았습니다. 통나무 12개를 ▲ 모양으로 쌓는 여러 가지 방법을 찾아봅시다.

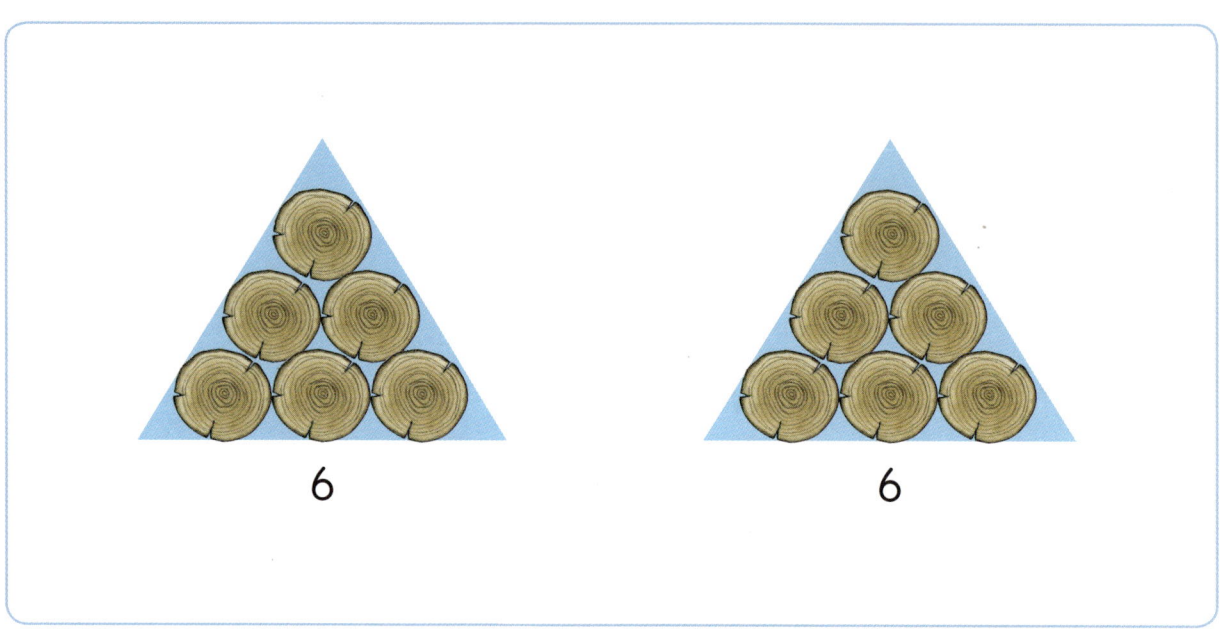

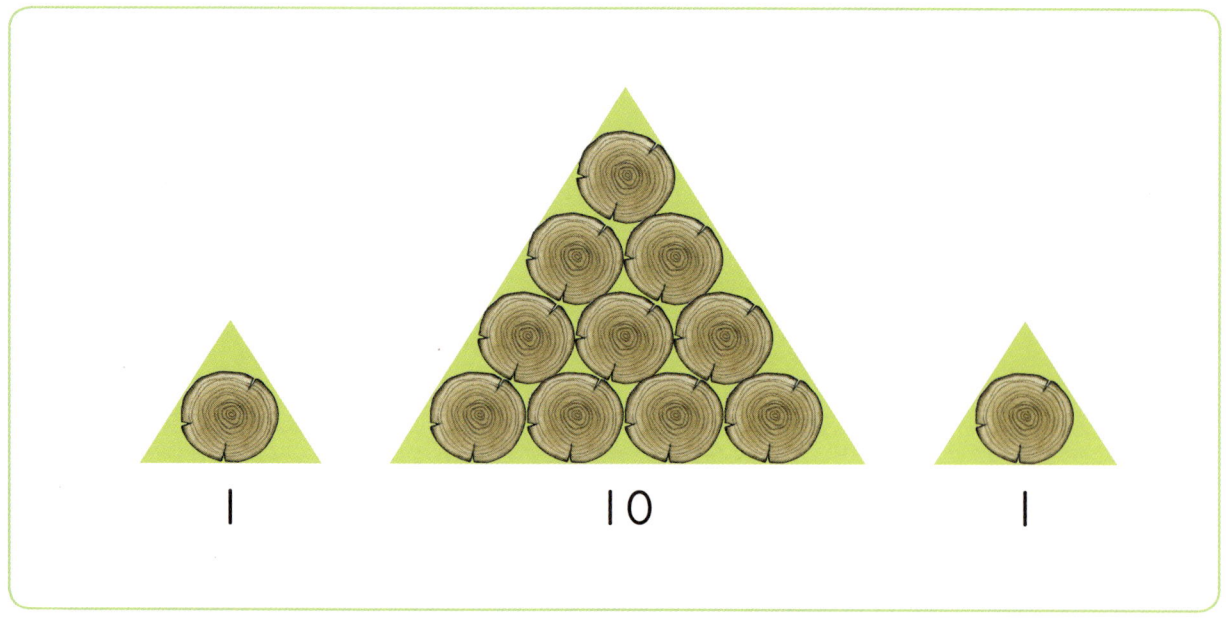

▲ 안에 통나무 붙임 딱지 12개를 붙여 보시오.

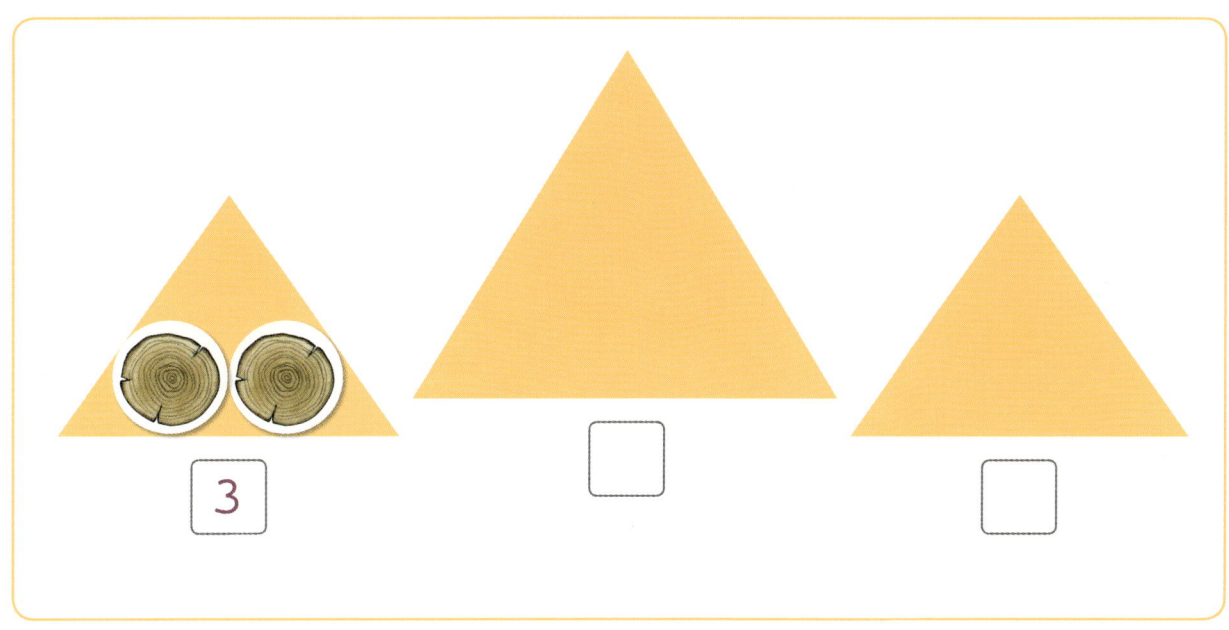

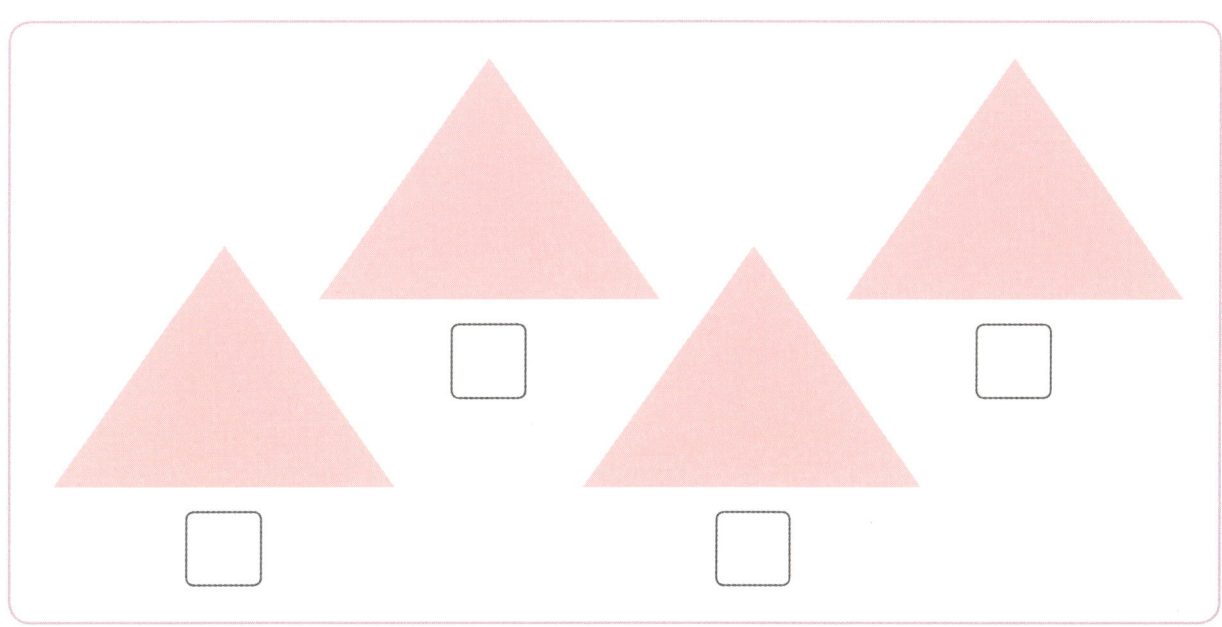

바둑돌 규칙

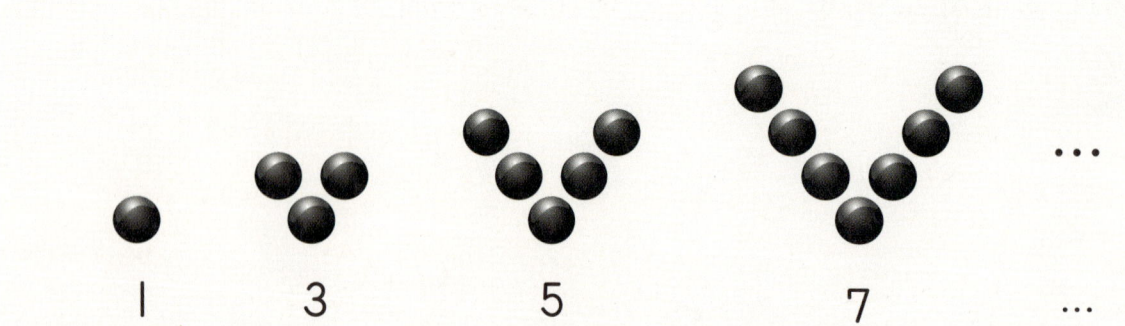

- 규칙을 정하여 바둑돌로 모양을 만듭니다.

- 바둑돌을 세어 그 개수를 수로 나타냅니다.

- 규칙을 찾아 다음에 올 모양과 개수를 예상할 수 있습니다.

1 규칙을 찾아 그림을 완성하고, 빈칸에 알맞은 수를 써넣으시오.

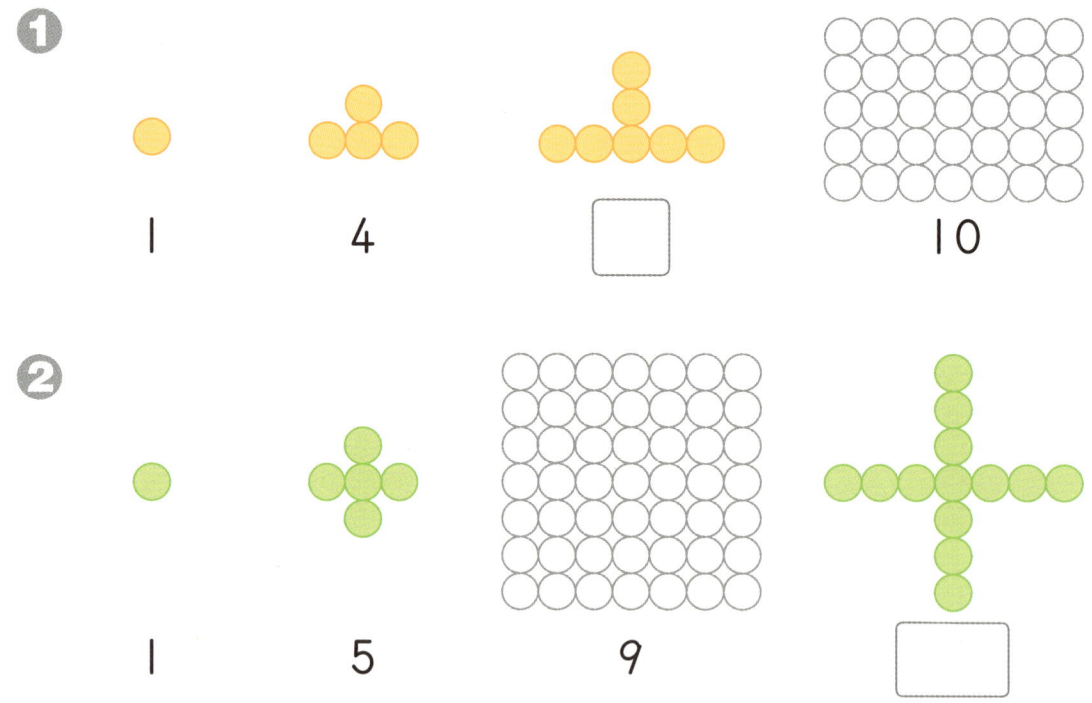

2 규칙을 찾아 그림을 그리고, 빈칸에 알맞은 수를 써넣으시오.

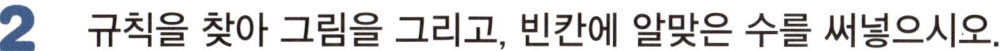

①
3　　　5　　　7　　　☐

②
4　　　7　　　☐　　　13

③
5　　　9　　　☐　　　17

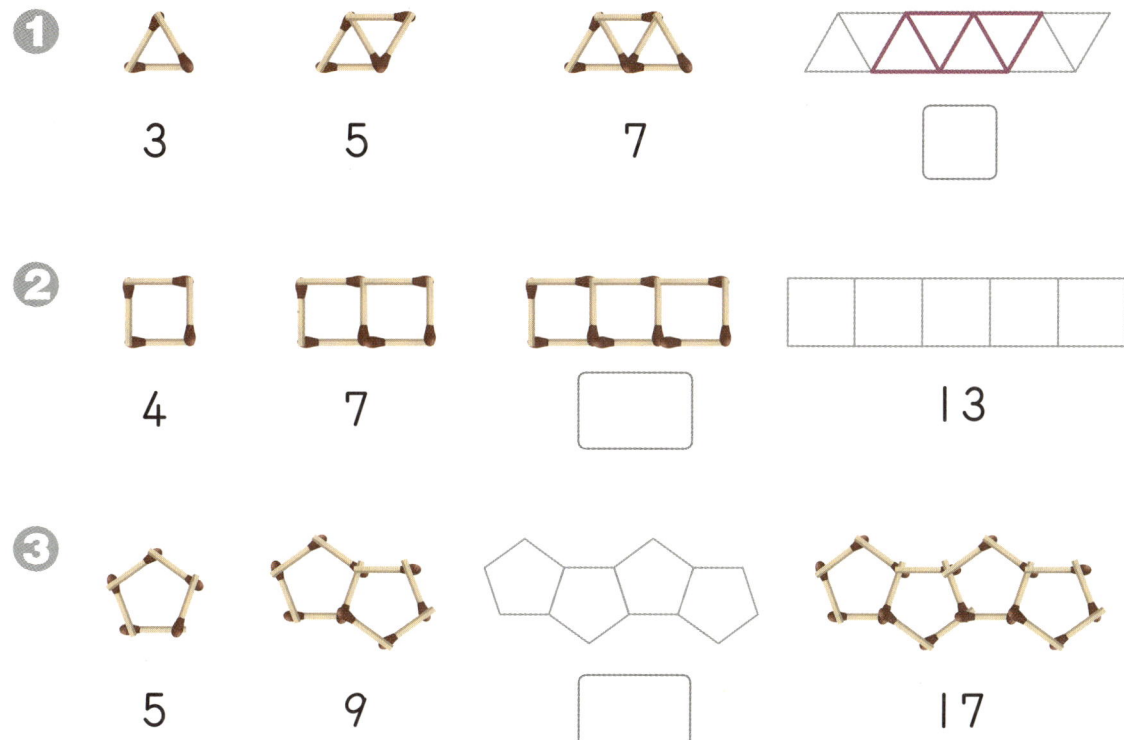

3 규칙을 찾아 다섯 번째 그림에 필요한 바둑돌의 개수를 구하시오.

①

첫 번째　　두 번째　　세 번째　　네 번째　　다섯 번째

②

첫 번째　　두 번째　　세 번째　　네 번째　　다섯 번째

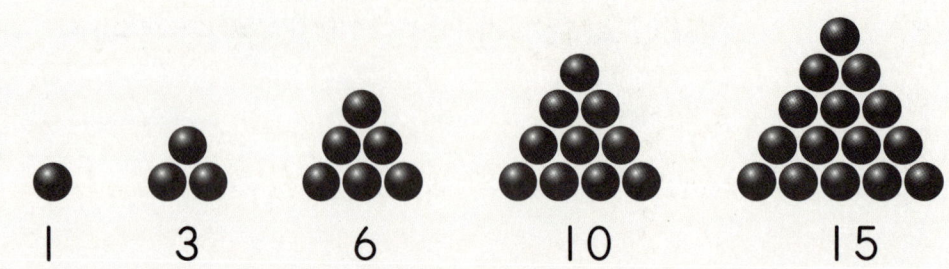

1   3   6   10   15

- 삼각형 모양으로 바둑돌을 놓습니다.

- 1, 3, 6, 10, 15, …를 삼각수라고 합니다.

- 삼각수를 만들 때는 1부터 2, 3, 4, …를 차례로 더합니다.

1 그림을 보고 1, 2, 3, 4씩 묶어 보시오.

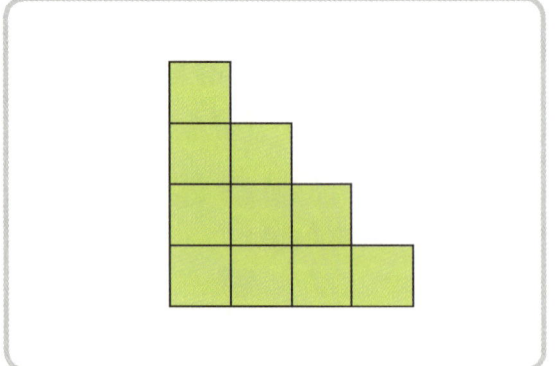

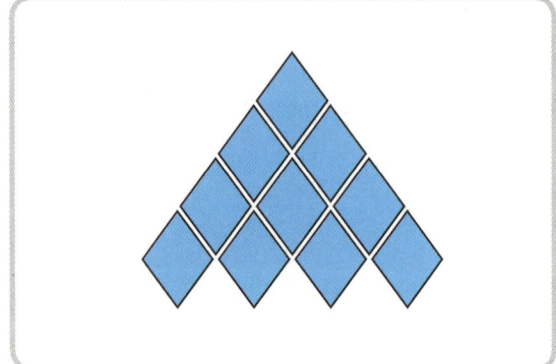

2 규칙을 찾아 빈칸에 알맞은 수를 써넣으시오.

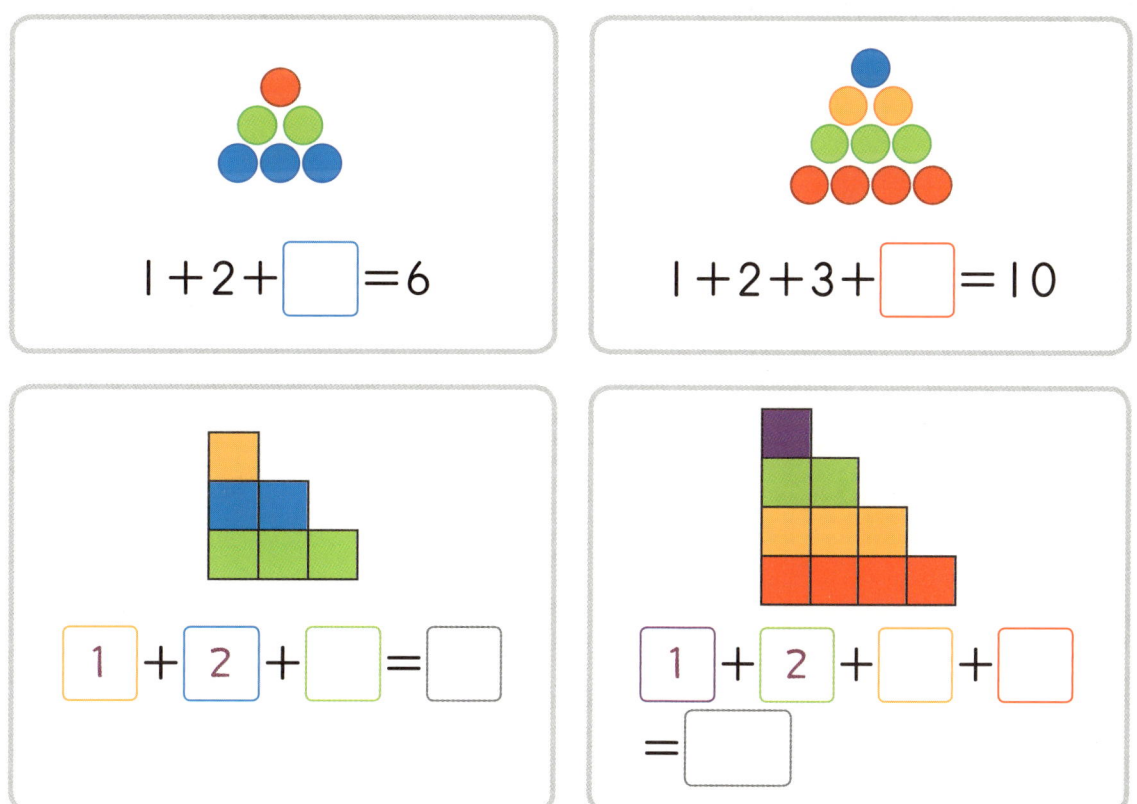

$1+2+\boxed{}=6$

$1+2+3+\boxed{}=10$

$\boxed{1}+\boxed{2}+\boxed{}=\boxed{}$

$\boxed{1}+\boxed{2}+\boxed{}+\boxed{}=\boxed{}$

3 파스칼 삼각형입니다. ◯표시한 수들은 어떤 수입니까?

```
                    1
                1       1
            1       2       1
        1       3       3       1
    1       4       6       4       1
  1     5      10      10       5      1
  1     6      15      20      15      6      1
  1    7     21     35     35     21     7     1
```

[그림의 규칙]

1 규칙을 찾아 그림을 완성하고 빈칸에 알맞은 수를 써넣으시오.

❶

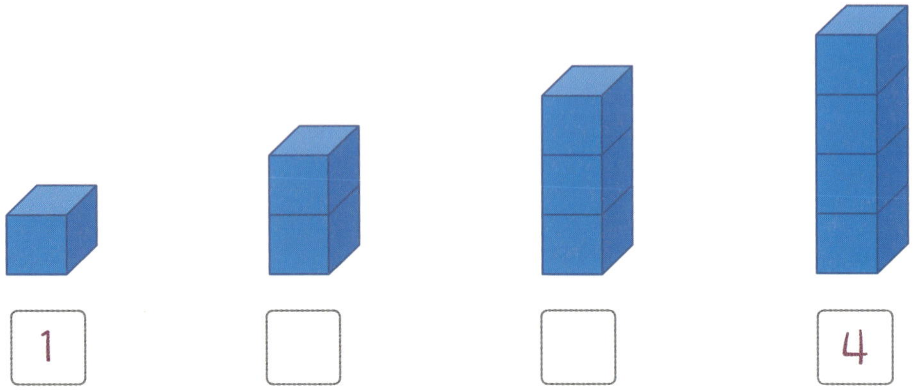

| 1 | | | 4 |

❷

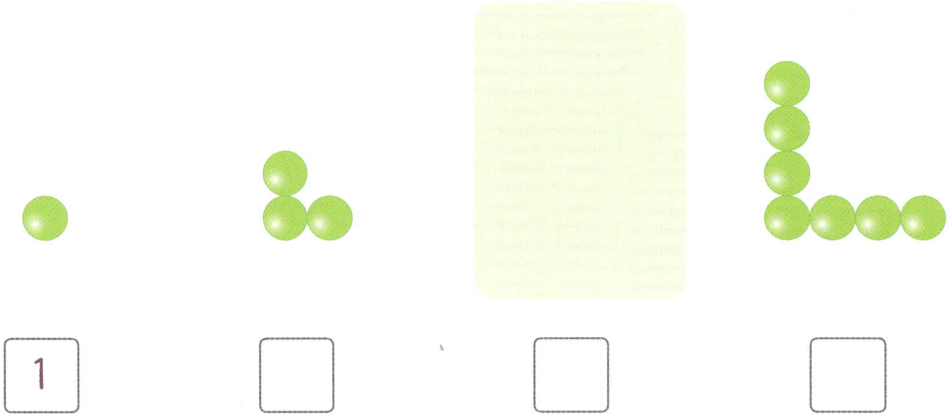

| 1 | | | |

❸

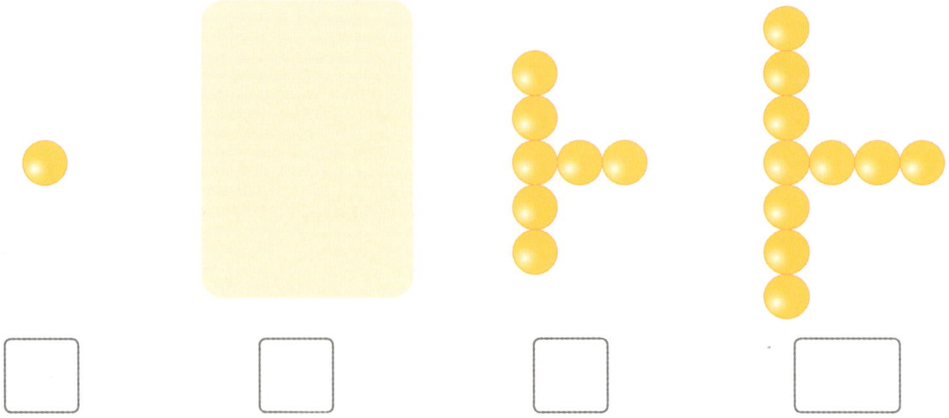

| | | | |

2 사과의 개수를 세어 빈칸에 알맞은 수를 써넣고, 규칙을 찾아 다섯 번째 그림의 사과의 개수를 구하시오.

①

	첫 번째	두 번째	세 번째	다섯 번째
	1	2		

②

	첫 번째	두 번째	세 번째	다섯 번째

③

	첫 번째	두 번째	세 번째	다섯 번째

[10번째 모양의 구슬]

3 다음과 같이 여러 가지 색깔의 구슬을 놓았습니다. 빈칸에 알맞은 수를 쓰고 규칙을 찾아 10번째 모양에 들어갈 구슬의 개수를 구하시오.

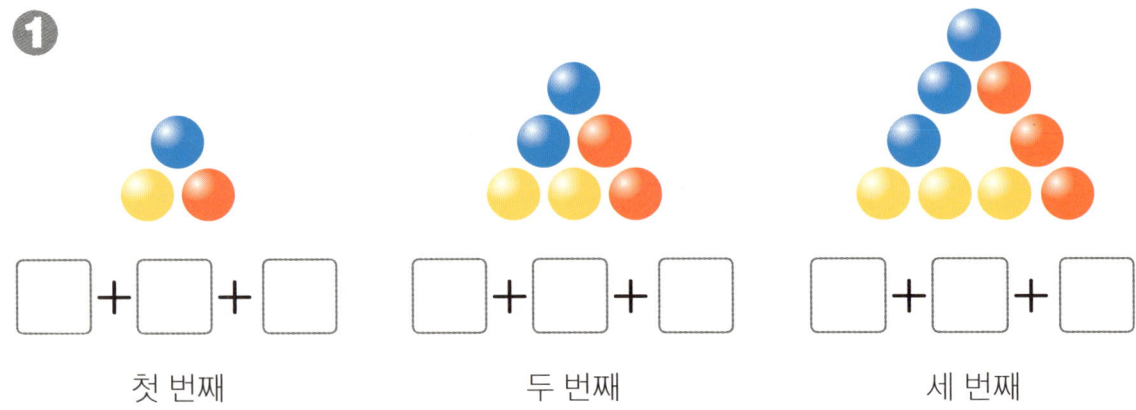

❶

$\square + \square + \square$

첫 번째

$\square + \square + \square$

두 번째

$\square + \square + \square$

세 번째

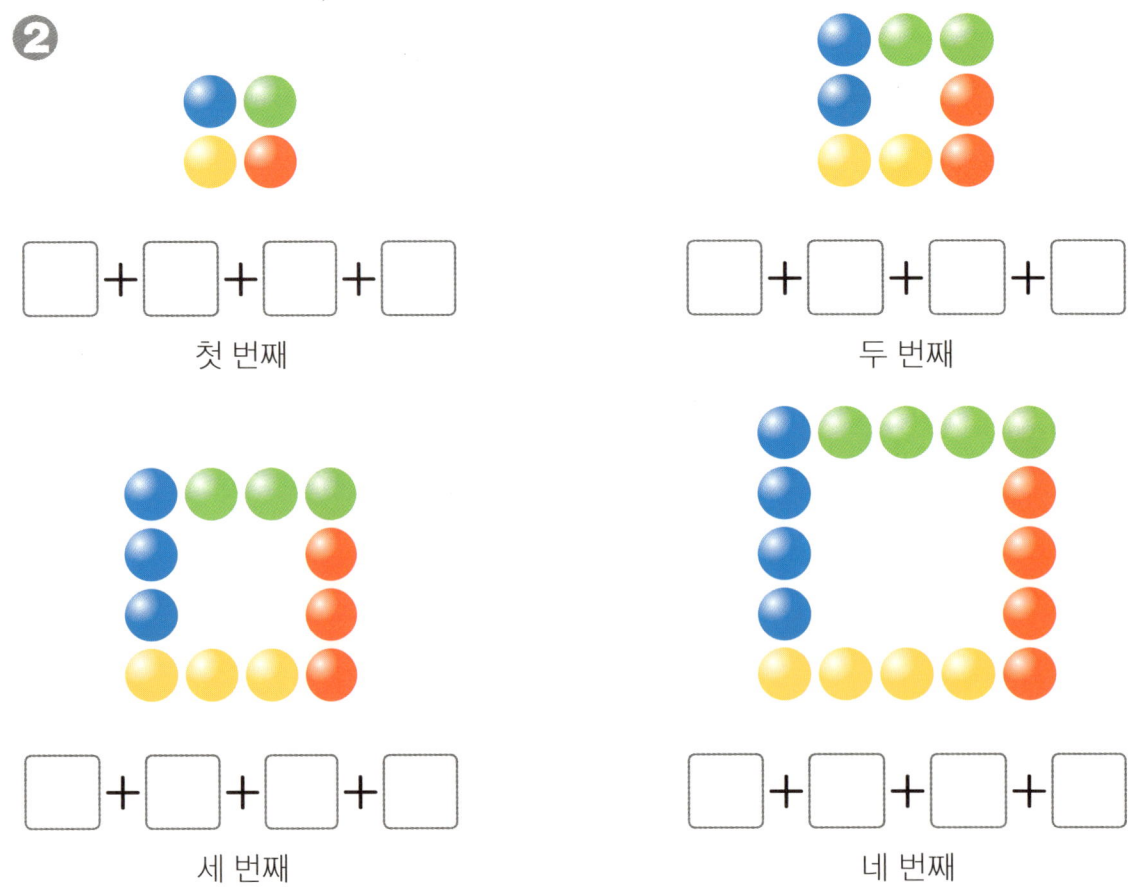

❷

$\square + \square + \square + \square$

첫 번째

$\square + \square + \square + \square$

두 번째

$\square + \square + \square + \square$

세 번째

$\square + \square + \square + \square$

네 번째

[삼각수 약속]

4 다음과 같이 ▲을 약속하였습니다.

> **약속**
>
> $1▲=1$　　　　　　$2▲=1+2$
> $3▲=1+2+3$　　$4▲=1+2+3+4$

❶ 그림을 보고 ☐ 안에 알맞은 수를 써넣으시오.

☐▲

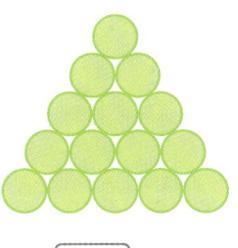

☐▲

☐▲

❷ 약속에 맞게 빈칸에 알맞은 수를 써넣으시오.

$5▲=$ ☐ $+$ ☐ $+$ ☐ $+$ ☐ $+$ ☐ $=$ ☐

$6▲=$ ☐ $+$ ☐ $+$ ☐ $+$ ☐ $+$ ☐ $+$ ☐ $=$ ☐

$2▲+3=$ ☐ ▲

$5▲+6=$ ☐ ▲

> **Tip**
>
> $4▲=1+2+3+4$이므로
> $4▲+5=1+2+3+4+5=5▲$

피타고라스 퍼즐

피타고라스 퍼즐을 완성해 봅시다.

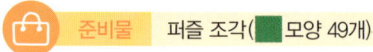 준비물 | 퍼즐 조각(■ 모양 49개)

게임 방법

❶ ■ 모양 조각을 ■, ■에 모두 채웁니다.

❷ ■ 모양 조각을 ■에 모두 채웁니다.

❸ ■에 채운 ■ 모양 조각의 개수와 ■, ■에 채운 ■ 모양 조각의 개수의 관계를 이야기해 봅니다.

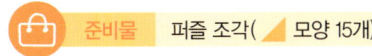
게임 방법

1 ◢ 모양 조각을 ▮ , ▮ 에 모두 채웁니다.

2 ◢ 모양 조각을 ▮ 에 모두 채웁니다.

3 ▮ 에 채운 ◢ 모양 조각의 개수와 ▮ , ▮ 에 채운 ◢ 모양 조각의 개수의 관계를 이야기해 봅니다.

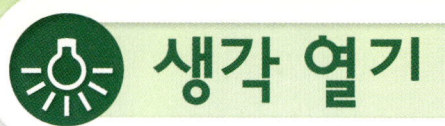

생각 열기 　 커져라 사각형

피타고라스는 정사각형을 이용하여 많은 수학 문제를 해결했습니다.

└• 네 변의 길이가 모두 같고 반듯한 사각형

피타고라스가 사랑한 정사각형

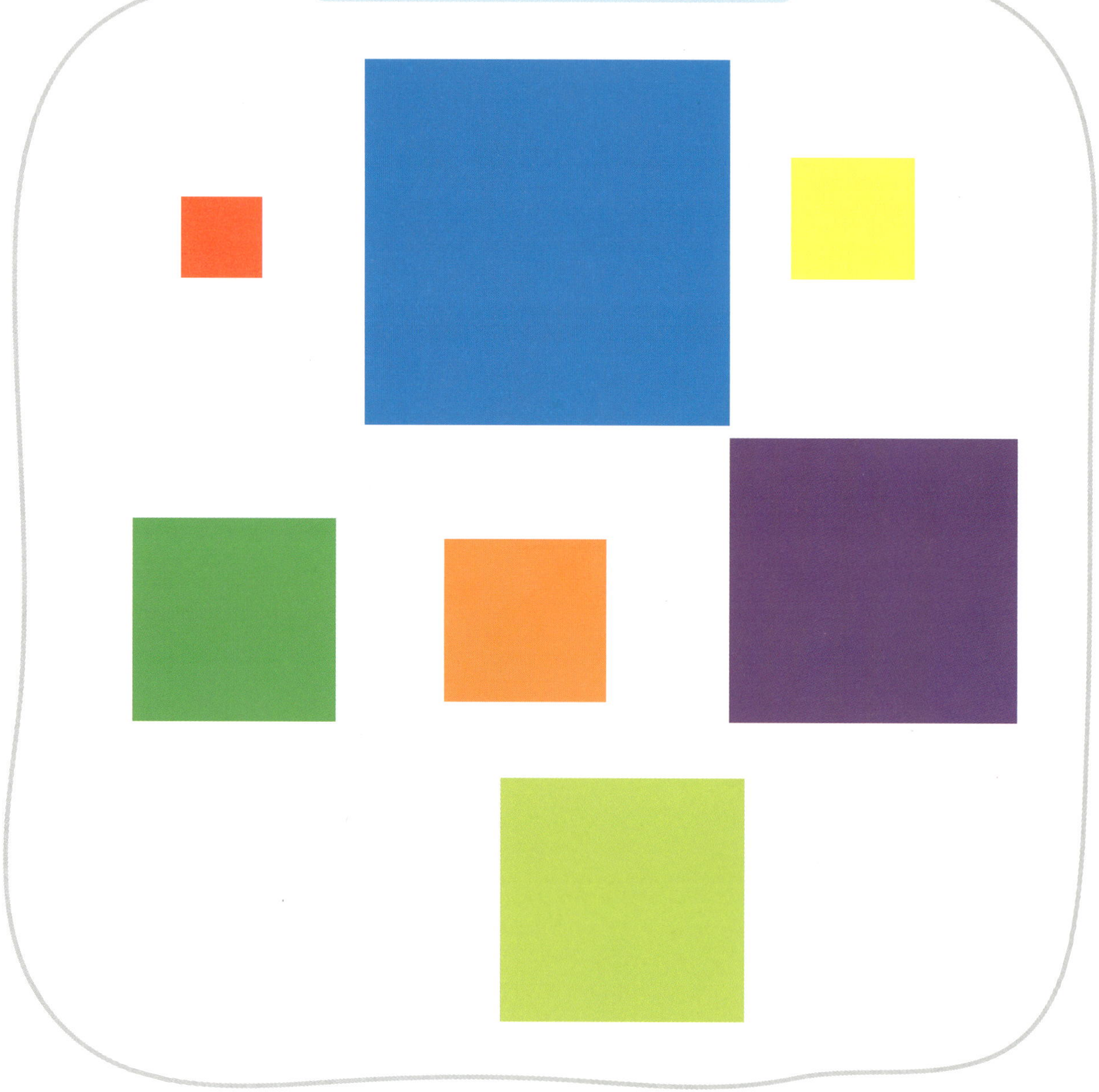

서로 다른 크기의 정사각형을 그려 보고, 칸의 개수를 세어 정사각형의 크기를 써 보시오.

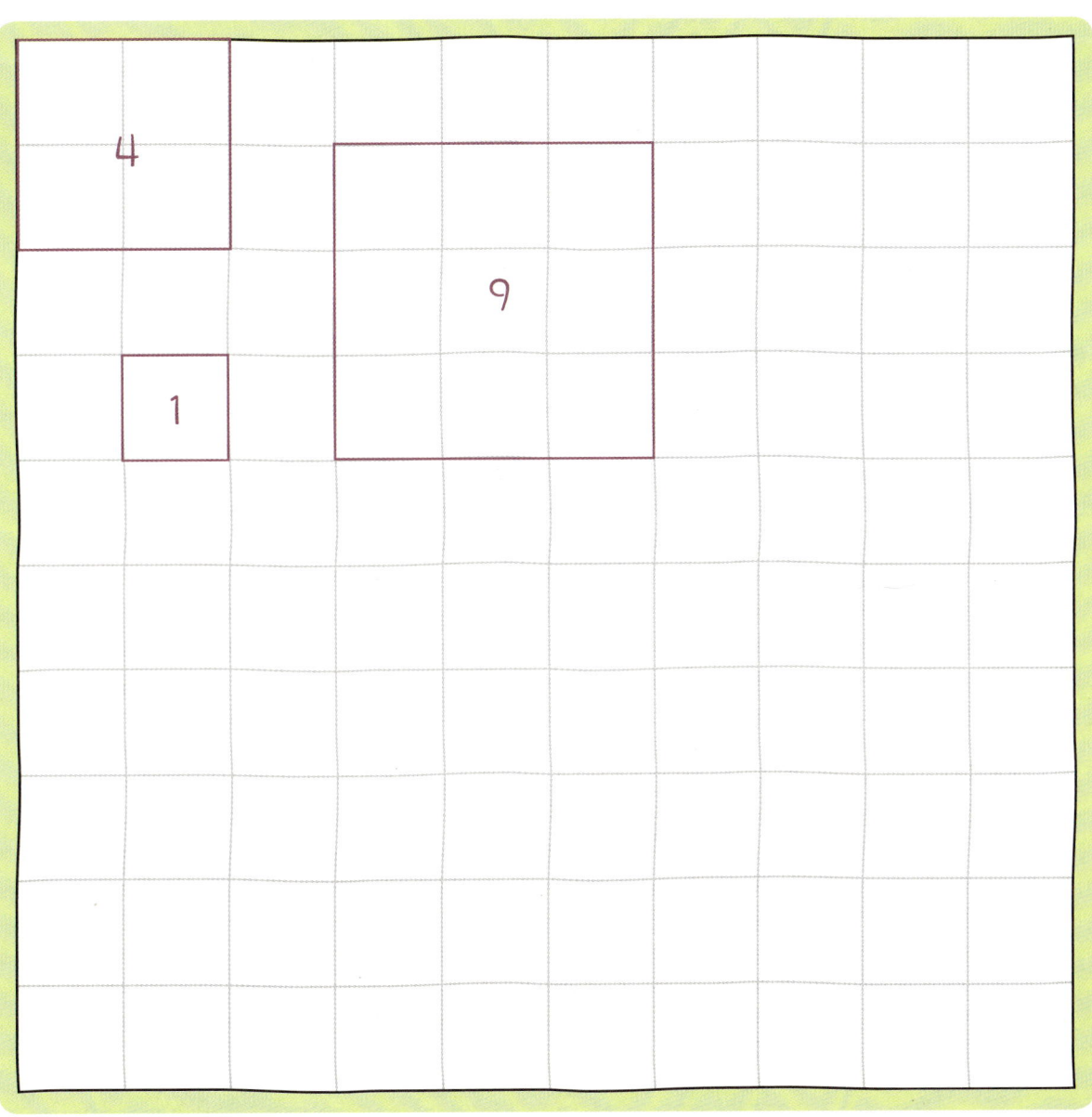

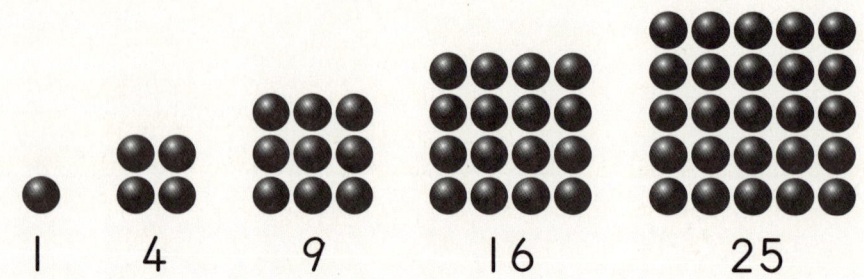

1 4 9 16 25

- 사각형 모양으로 바둑돌을 놓습니다.

- 1, 4, 9, 16, 25, …를 사각수라고 합니다.

- 사각수를 만들 때에는 1부터 3, 5, 7, …을 차례로 더합니다.

1 규칙을 찾아 그림을 완성하고, 빈칸에 알맞은 수를 써넣으시오.

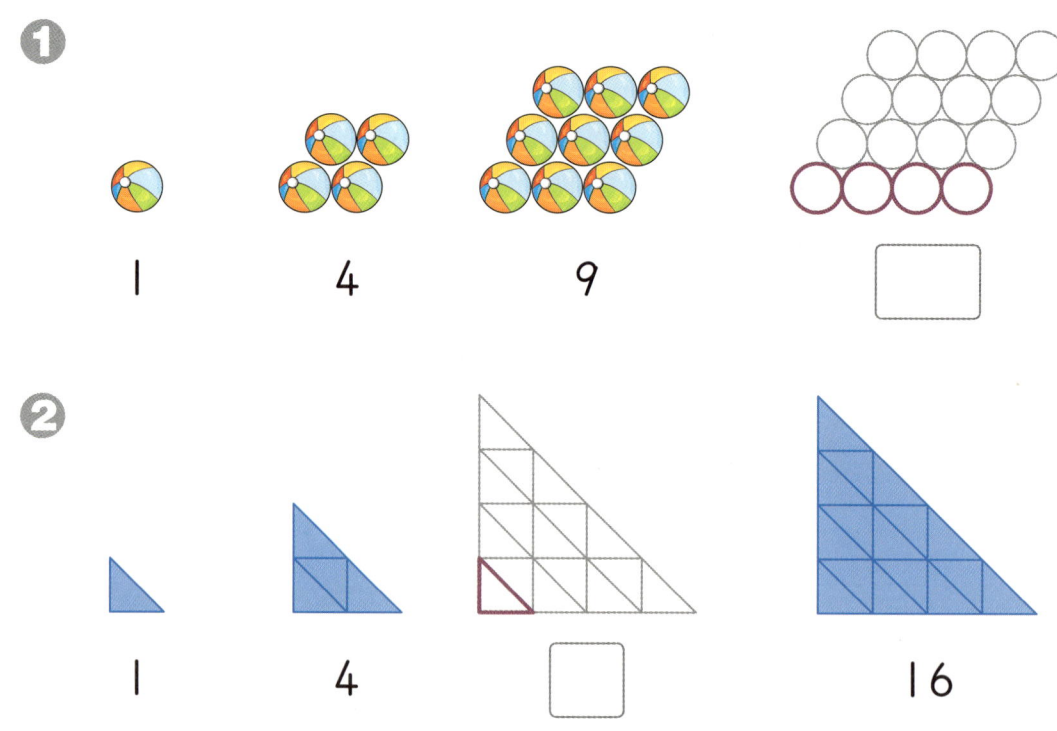

❶

1 4 9 ☐

❷

1 4 ☐ 16

2 규칙을 찾아 빈칸에 알맞은 수를 써넣으시오.

❶

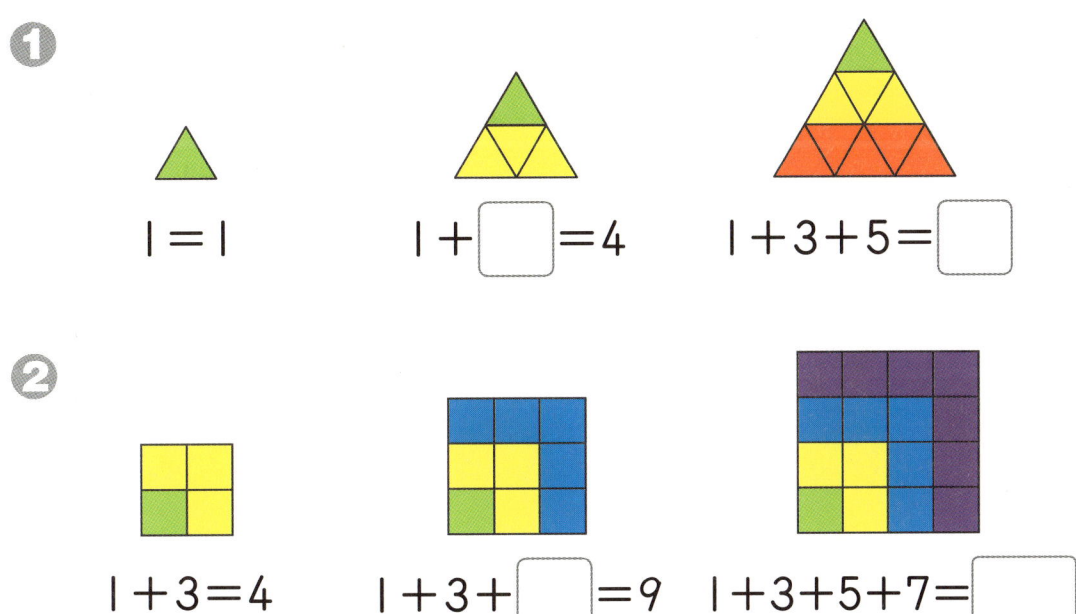

1 = 1

1 + ☐ = 4

1 + 3 + 5 = ☐

❷

1 + 3 = 4

1 + 3 + ☐ = 9

1 + 3 + 5 + 7 = ☐

3 사각수를 구하는 또 다른 방법입니다. 규칙을 찾아 빈칸에 알맞은 수를 써넣으시오.

1 = 1

4 = 1 + 2 + 1

9 = 1 + 2 + 3 + 2 + 1

16 = ☐ + ☐ + ☐ + ☐ + ☐ + ☐ + ☐

25 = ☐ + ☐ + ☐ + ☐ + ☐ + ☐ + ☐ + ☐ + ☐

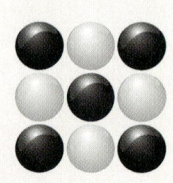

- 검은색과 흰색 2가지 색깔의 바둑돌로 여러 가지 모양을 만들 수 있습니다.

- 모양을 이루는 검은 돌과 흰 돌을 같은 개수만큼 번갈아가며 지운 다음, 남은 바둑돌을 확인하면 두 바둑돌의 개수 차이를 알 수 있습니다.

1 검은 돌과 흰 돌의 개수의 차를 쓰시오.

검은 돌이 ☐ 개
더 많습니다.

흰 돌이 ☐ 개
더 많습니다.

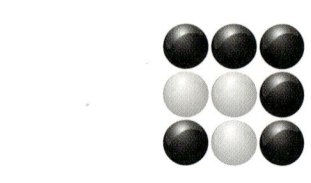

검은 돌이 ☐ 개
더 많습니다.

흰 돌이 ☐ 개
더 많습니다.

2 규칙을 찾아 다음 번에 올 모양을 그리고, 검은 돌과 흰 돌의 개수의 차를 쓰시오.

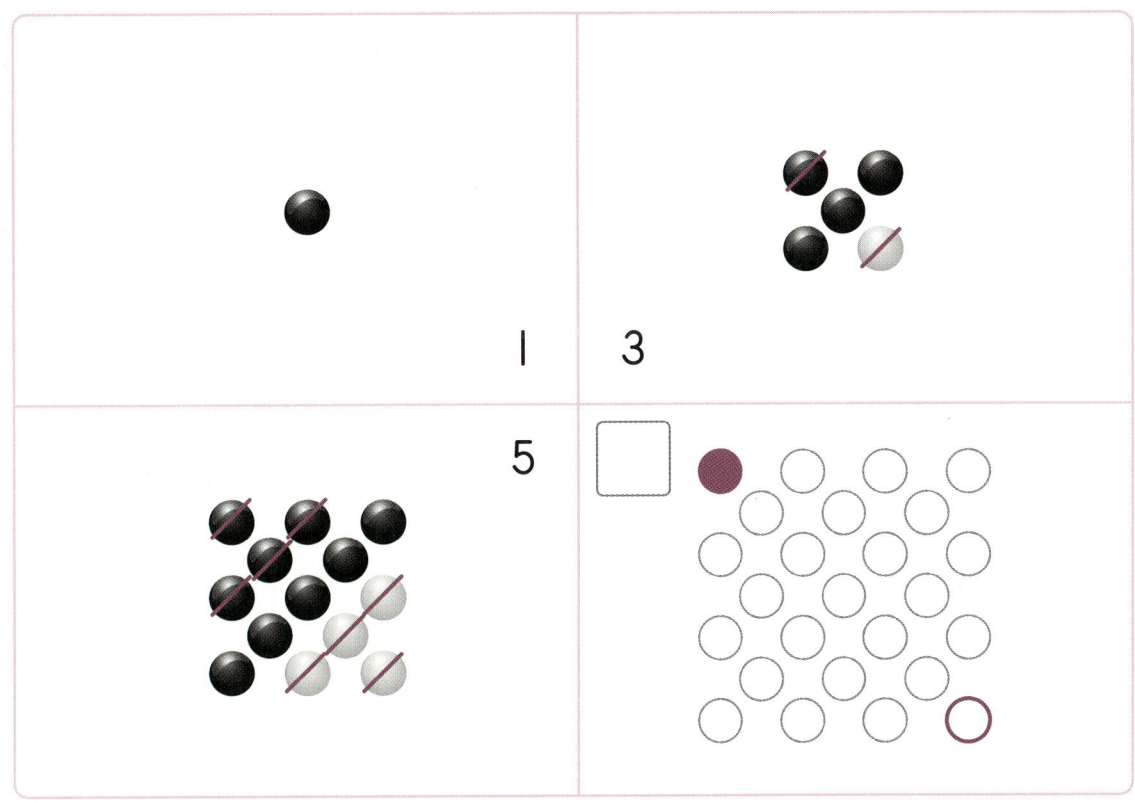

3 규칙에 맞게 다음과 같이 바둑돌을 놓고 있습니다. 다섯 번째에 올 모양에서 검은 돌과 흰 돌의 개수의 차를 구하시오.

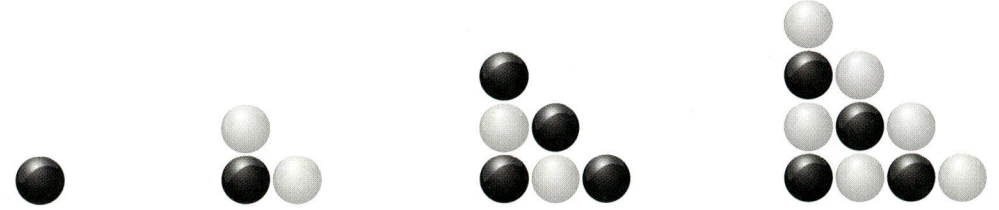

[공의 규칙]

1 공이 많아지는 규칙을 찾아 빈칸에 알맞은 수를 써넣으시오.

❶

| 1 | 4 | | |

❷

| 1 | | | |

❸

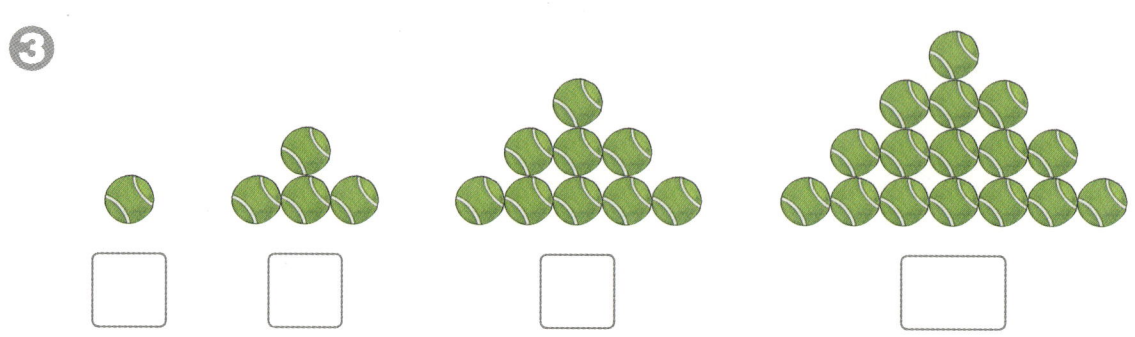

| | | | |

[사각수 약속]

2 다음과 같이 ■을 약속하였습니다.

약속

$$1■ = 1 \qquad 2■ = 1+3$$
$$3■ = 1+3+5 \qquad 4■ = 1+3+5+7$$

① 그림을 보고 ☐ 안에 알맞은 수를 써넣으시오.

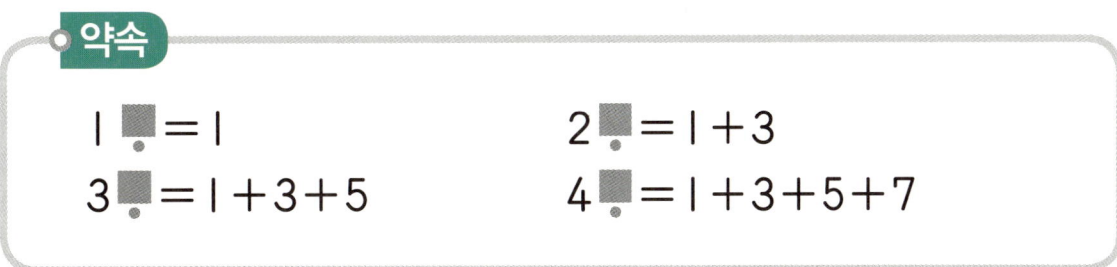

☐ ■   ☐ ■   ☐ ■

② 약속에 맞게 빈칸에 알맞은 수를 써넣으시오.

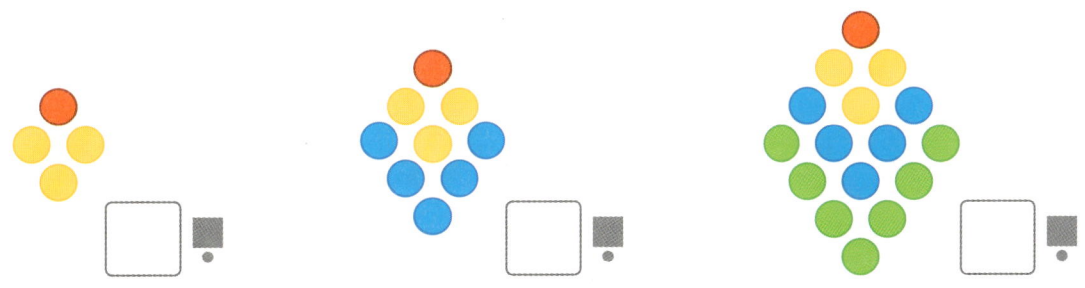

$$5■ = ☐ + ☐ + ☐ + ☐ + ☐ = ☐$$

$$1■ + ☐ = 2■ \qquad 2■ + ☐ = 3■$$

$$3■ + ☐ = 4■ \qquad 4■ + ☐ = 5■$$

$$5■ + ☐ = 6■$$

Tip

$$2■ = 1+3$$
$$3■ = 1+3+5$$ ➡ $$2■ + 5 = 3■$$

[사과의 개수]

3 빨간색 사과와 초록색 사과가 있습니다. 규칙을 찾아 그림을 완성하고, 빈칸에 알맞은 수를 써넣으시오.

초록색 사과가

☐ 개 더 많습니다.

빨간색 사과가

☐ 개 더 많습니다.

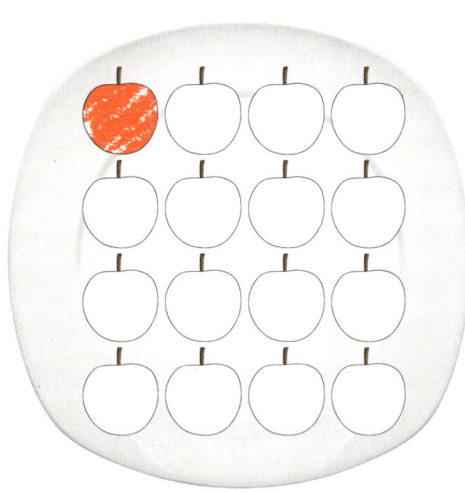

초록색 사과가

☐ 개 더 많습니다.

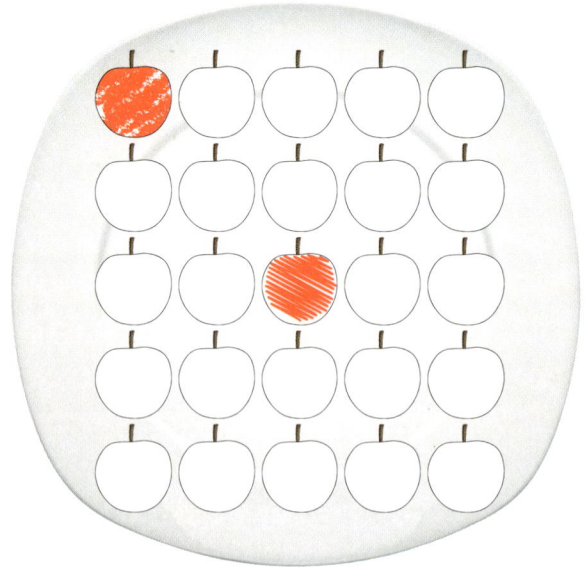

빨간색 사과가

☐ 개 더 많습니다.

4 다음은 삼각수와 사각수를 나타낸 그림입니다. 빈칸에 알맞은 수를 써넣으시오.

	1번째	2번째	3번째	4번째	5번째	…
삼각수	1	3	6	10	15	…
사각수	1	4	9	16	25	…

① 1번째 사각수와 1번째 삼각수는 같습니다.

$$\boxed{1} = \triangle$$

② 2번째 사각수는 1번째 삼각수와 2번째 삼각수의 합과 같습니다.

$$\square = \triangle + \triangle$$

③ 3번째 사각수는 2번째 삼각수와 3번째 삼각수의 합과 같습니다.

$$\square = \triangle + \triangle$$

④ 4번째 사각수와 5번째 사각수를 삼각수의 합으로 나타내시오.

$$\square = \triangle + \triangle \qquad \square = \triangle + \triangle$$

탈레스

그리스의 수학자 탈레스(Thales, 기원전 624년 경~기원전 546년 경)는 이집트를 자주 왕래하며 수학과 천문학에 관한 지식을 쌓았습니다. 탈레스는 태양과 달의 움직임을 관찰하여 일식 현상이 규칙적으로 일어난다는 것을 발견했습니다. 피타고라스에게 수학을 가르쳤고, 피타고라스가 이집트로 유학을 가는 데 도움을 주었습니다.

Q 옛날 사람들은 어떻게 모래 위에 반듯한 사각형을 그렸을까요?

A 피타고라스와 탈레스가 태어나기 이전에 이집트와 메소포타미아 지방 사람들은 매듭을 이용하여 반듯한 사각형을 그렸다고 합니다.

1. 일정한 간격으로 12개의 매듭을 만듭니다.

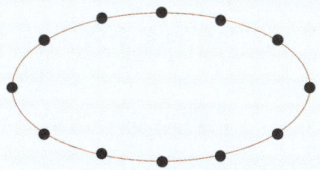

2. 세 변의 길이를 매듭을 묶은 간격이 3개, 4개, 5개가 되도록 삼각형을 만듭니다.

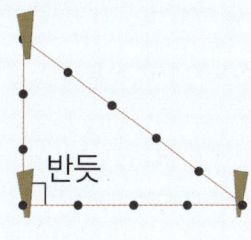

반듯

3. 2의 삼각형을 이용하여 네 변의 길이가 3인 반듯한 사각형을 만듭니다.

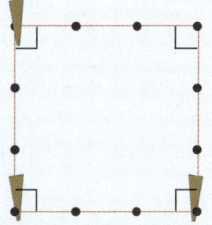

수학자 III

1

생각 열기 1년 후 토끼는 몇 쌍이 될까?

개념 알기 1 피보나치 수열

개념 알기 2 피보나치 사각형

스토리텔링 창의수학

수학 게임 님 게임

2

생각 열기 타일 붙이기

개념 알기 3 목표수

개념 알기 4 계단 오르기

스토리텔링 창의수학

지식 백과 루카스

피보나치

어?! 저 사람들은 새로운 숫자를 쓰고 있네.

이탈리아의 한 도시 피사에
레오나르도 피보나치라는 꼬마가 있었어요.

피보나치의 머릿속에는 온통 숫자로 가득했어요.
피보나치는 숫자가 무척이나 좋았거든요.

저 나무는 큰 가지가
세 개니까 Ⅲ.

이 꽃의 꽃잎은
다섯 장이니까 Ⅴ.

어느 날 피보나치는 아빠와 함께
지중해 연안을 여행하게 되었어요.

그곳에서 피보나치는 아랍 상인들이 사용하는
새로운 숫자를 발견했어요.

다섯 개라고 했으니까
5….

아빠! 저 사람들은
새로운 숫자를 쓰고 있어요!

피보나치야. 이제 숫자 생각은
그만 할 수 없겠니?

그렇지만 아빠, 저 숫자는
너무 신기한걸요!

피보나치의 머릿속은 새로운 숫자로 가득 차기 시작했어요.
"그래! 이 숫자들에 대한 책을 만들어야겠어!
그럼 더 많은 사람들이 이 숫자를 사용할 수 있을 거야!"

피보나치는 아라비아 숫자를 소개하는
〈산반서〉라는 책을 만들었어요.

13세기 초 피보나치가 쓴 책 〈산반서〉에는 재미있는 문제가 소개되어 있습니다.

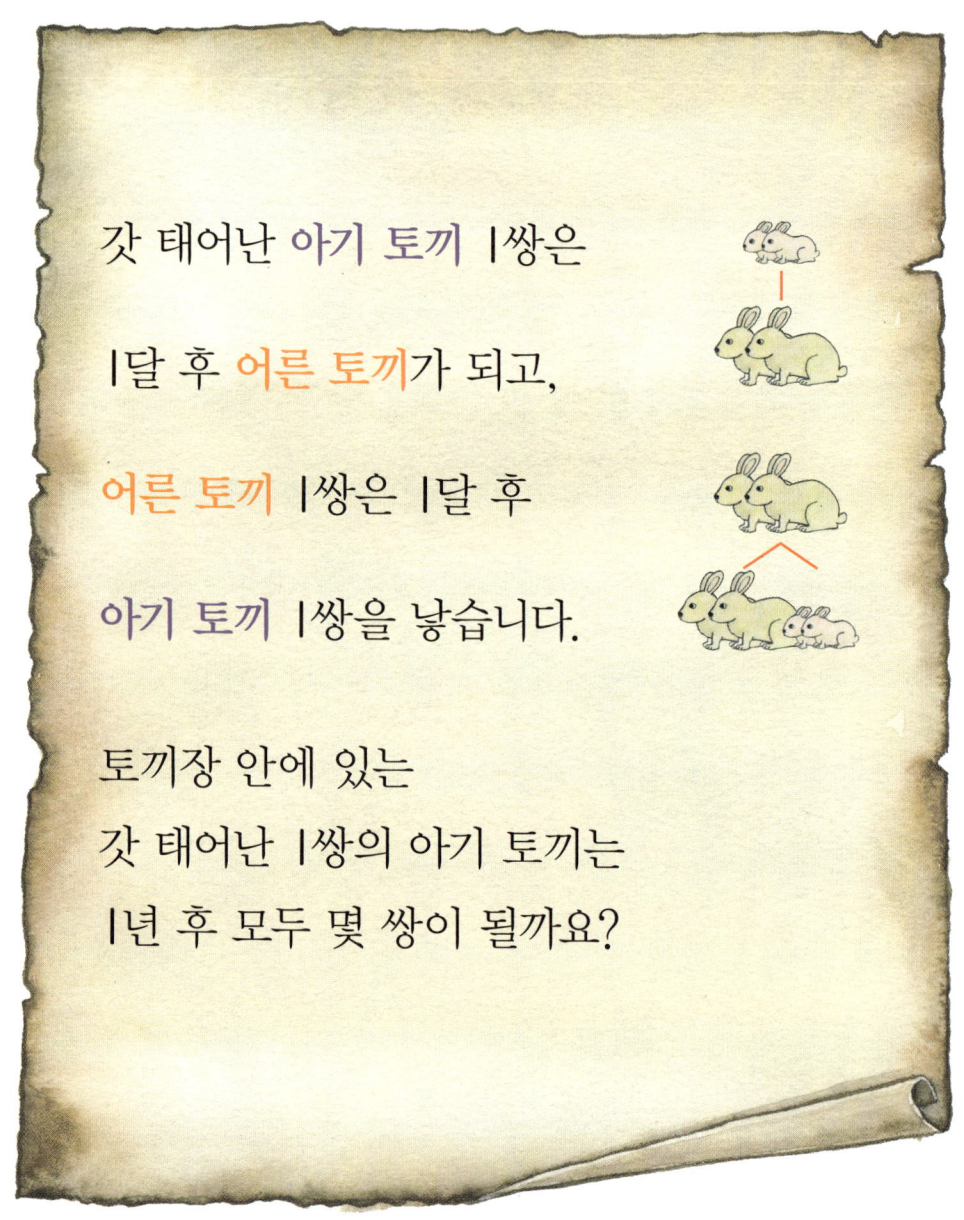

갓 태어난 아기 토끼 1쌍은

1달 후 어른 토끼가 되고,

어른 토끼 1쌍은 1달 후

아기 토끼 1쌍을 낳습니다.

토끼장 안에 있는
갓 태어난 1쌍의 아기 토끼는
1년 후 모두 몇 쌍이 될까요?

토끼장 안에 갓 태어난 아기 토끼 1쌍이 있습니다. 5달 후에는 몇 쌍의 토끼가 될까요? 매달 토끼의 쌍을 세어 빈칸에 알맞은 수를 써넣으시오.

아기 토끼   어른 토끼

현재	1 쌍
1달 후	1 쌍
2달 후	☐ 쌍
3달 후	☐ 쌍
4달 후	☐ 쌍
5달 후	☐ 쌍

1　1　2　3　5　8　13　21　…

- 수열은 규칙에 따라 수를 차례로 늘어놓은 것입니다.
- 피보나치 수열은 앞의 두 수의 합이 바로 뒤의 수가 되는 수열입니다.

$$1 \quad 1 \quad \underset{1+1}{2} \quad \underset{1+2}{3} \quad \underset{2+3}{5} \quad \underset{3+5}{8} \quad \cdots$$

1 규칙을 찾아 빈칸에 알맞은 수를 써넣으시오.

①

②

③

④

2 피보나치 수열의 규칙에 따라 빈칸에 알맞은 수를 써넣으시오.

❶ 1   2   3   5   ☐   ☐   ☐

❷ 3   1   ☐   5   ☐   ☐   ☐

❸ 5   ☐   6   7   ☐   ☐   ☐

❹ ☐   3   4   ☐   11   ☐   ☐

3 다음 두 수가 모두 들어가는 피보나치 수열을 만드시오.

2   11

- 한 변의 길이가 1, 1, 2, 3, 5인 정사각형들을 이어 붙여서 만든 사각형을 피보나치 사각형이라고 합니다.

1 다음은 정사각형을 이어 붙여서 만든 피보나치 사각형입니다. 정사각형의 한 변의 길이를 각 정사각형 안에 쓰시오.

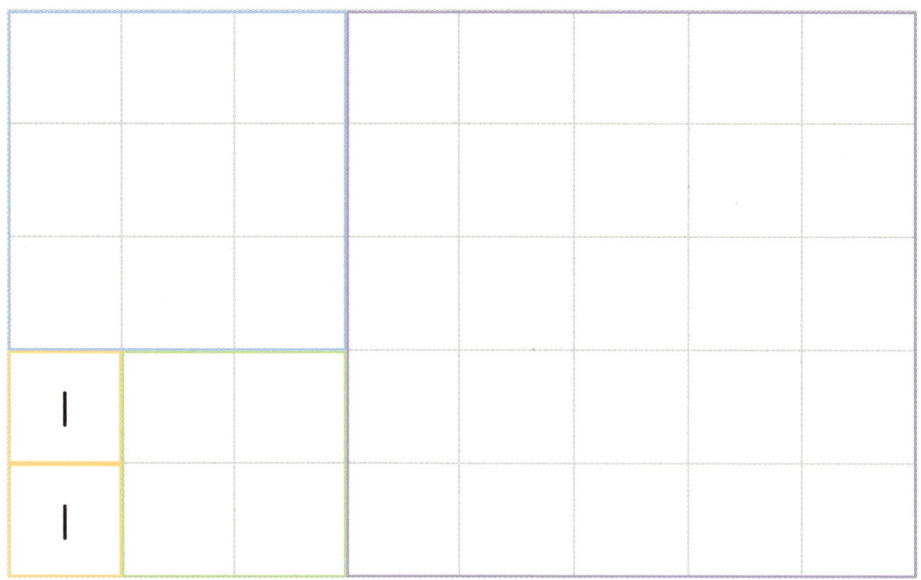

2 ▲ 모양을 이어 붙여 만든 모양입니다. 한 변의 길이를 써넣으시오.

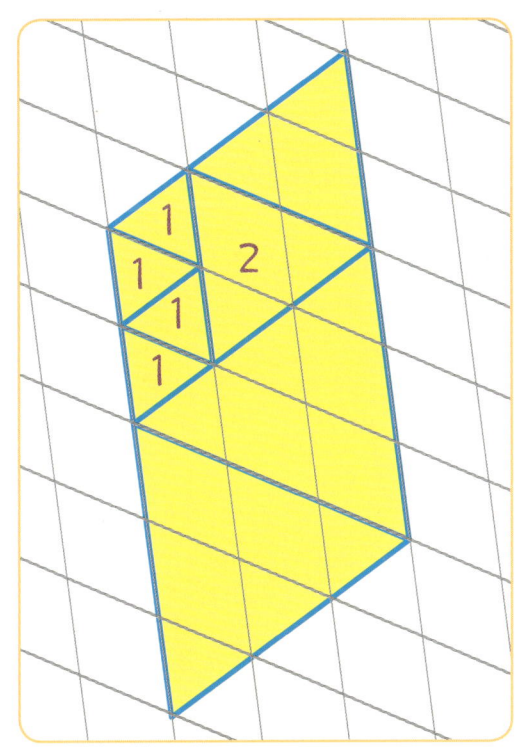

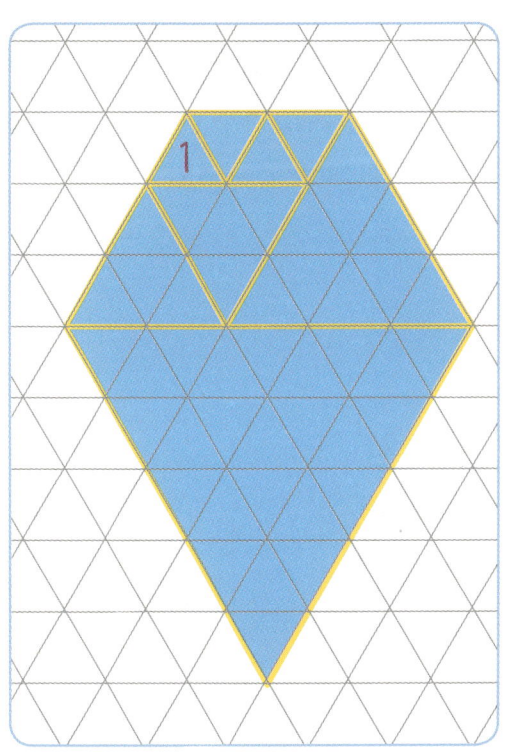

3 피보나치 사각형의 네 변의 길이의 합을 구해 보시오.

➡ $1+1+1+1=$ ☐

➡ $2+1+$ ☐ $+$ ☐ $=6$

➡ $2+$ ☐ $+2+$ ☐ $=$ ☐

1 [측우기]
조선시대 과학자 장영실이 발명한 측우기는 일정 기간 동안에 고인 빗물의 높이를 재어 비가 내린 양을 측정하는 기구입니다. 측우기처럼 비커에 빗물을 받아 높이를 측정하고 있습니다. 빗물의 높이가 변하는 규칙을 찾아 그림을 완성하시오.

❶
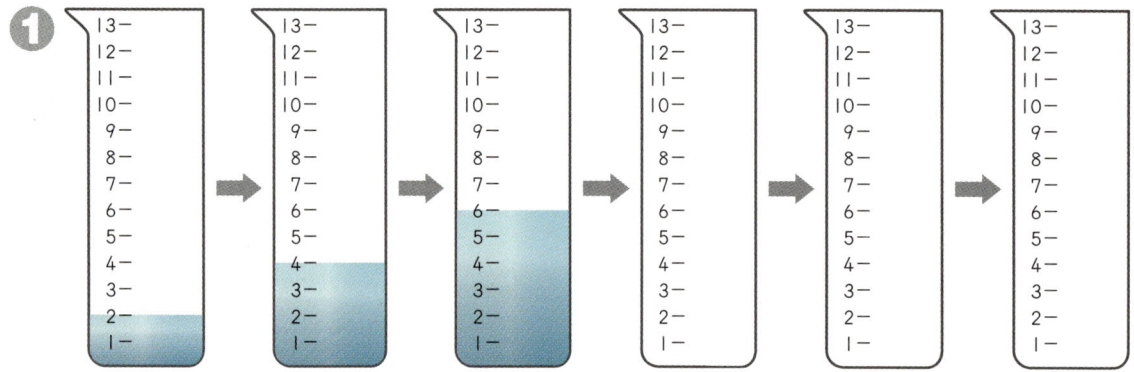

❷
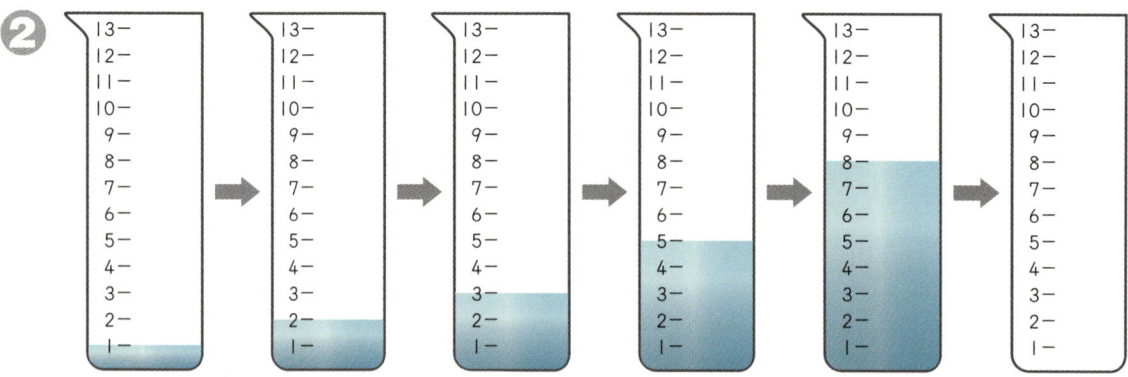

Tip
물의 높이가 올라가는 규칙을 찾습니다.

[산반서]

2 〈산반서〉에는 성문을 한 번 통과할 때마다 문지기에게 가지고 있는 금화의 절반을 주고, 남은 금화의 개수를 구하는 문제가 있습니다. 금화 16개를 가지고 있는 사람이 성문 3개를 통과했을 때 남는 금화는 몇 개인지 그려 보시오.

> 성문을 통과하려면 가지고 있는 **금화의 반**을 내야 합니다.

Tip
첫 번째 성문을 통과하고 남는 금화의 수는 처음 금화의 수 16개의 반입니다.

[꼬치를 이용한 피보나치 수열]

3 규칙을 찾아 빈칸에 알맞은 수를 써넣으시오.

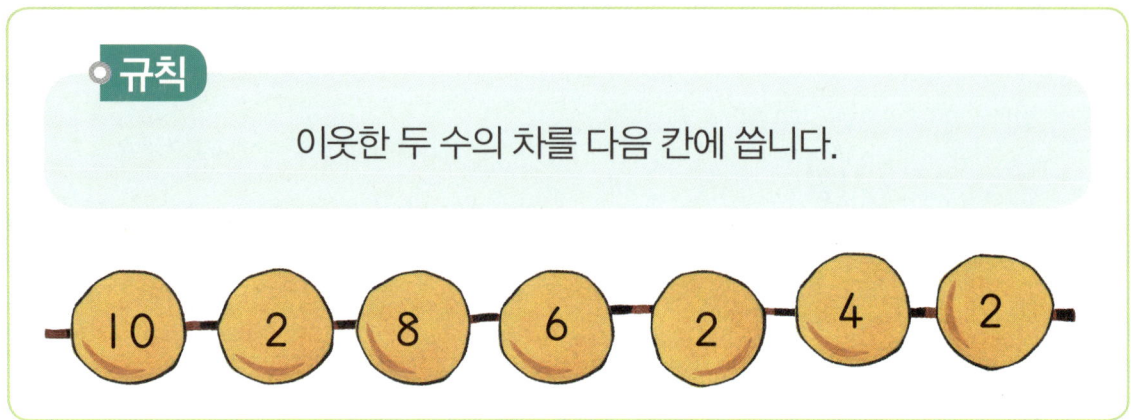

○**규칙**

이웃한 두 수의 차를 다음 칸에 씁니다.

①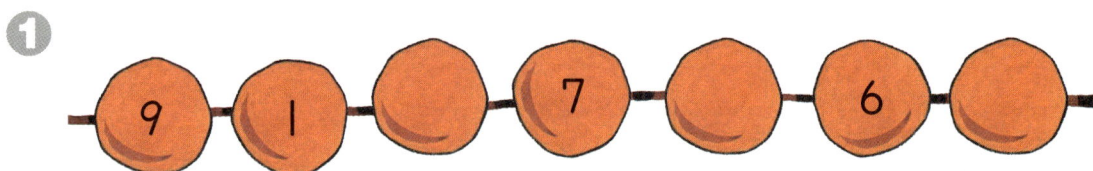

②

③

4 다음은 정사각형 여러 개를 이어 붙여 만든 사각형입니다. 이어 붙인 사각형의 변의 길이가 피보나치 수열이 되도록 다음 사각형을 정사각형 7개로 나누시오.

> **Tip**
>
> 주어진 사각형에 들어갈 수 있는 가장 큰 정사각형으로 나눕니다.

 **수학 게임**

님 게임

님 게임을 해 봅시다.

게임 방법

① 가위바위보로 순서를 정합니다.

② 번갈아 가며 놀이판에 붙임 딱지 ▨ 또는 ▨ 를 붙입니다.

③ 마지막 칸에 붙임 딱지를 붙이는 사람이 이깁니다.

민호

민호　　유나

민호　　유나　　　민호
　　　　　　　　　　：

민호　　유나　　　민호　　유나　　민호　　　유나

➡ 유나 '승'

놀이판

타일 붙이기

여러 가지 크기의 벽면에 도미노 모양의 타일(▬)을 붙이려고 합니다. 타일을 붙이는 여러 가지 방법을 알아봅시다.

벽면에 도미노 모양의 타일 4개를 붙이려고 합니다. 타일을 붙일 수 있는 방법을 모두 찾아 그려 보시오.

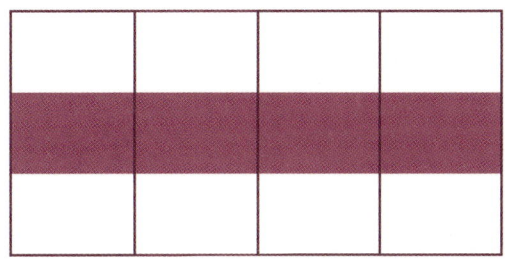

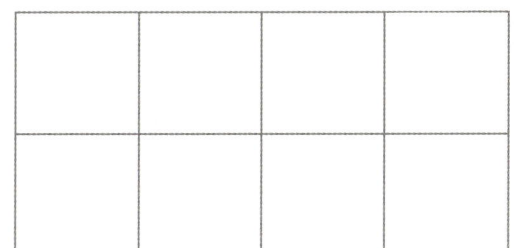

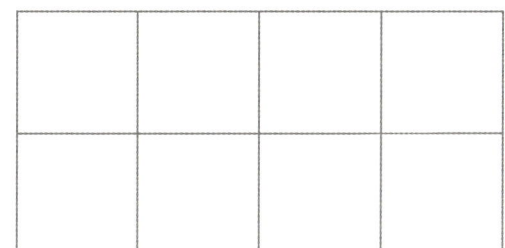

$\boxed{1} = 1$

$\boxed{2} = 2$ $\boxed{2} = 1 + 1$

$\boxed{3} = 2 + 1$ $\boxed{3} = 1 + 2$ $\boxed{3} = 1 + 1 + 1$

- 1과 2로 목표수를 만드는 방법은 여러 가지이며 목표수가 클수록 방법의 가짓수가 늘어납니다.

목표수	1	2	3	4	5	…
방법 수	1	2	3	5	8	…

- 1과 2로 목표수를 만드는 방법의 수는 피보나치 수열입니다.

1   1과 2로 목표수 4를 만드는 방법은 모두 5가지입니다. 5가지 방법을 모두 찾아 빈칸에 알맞은 수를 써넣으시오.

$4 = \boxed{1} + \boxed{1} + \boxed{1} + \boxed{1}$

$4 = \boxed{} + \boxed{} + \boxed{}$ $4 = \boxed{} + \boxed{} + \boxed{}$

$4 = \boxed{} + \boxed{} + \boxed{}$ $4 = \boxed{} + \boxed{}$

2 토끼가 한 번에 1칸 또는 2칸씩 모두 5칸을 뛰어 당근을 가지러 갑니다. 물음에 답하시오.

❶ 토끼가 5칸을 갈 수 있는 방법을 모두 찾아 그림으로 나타내시오.

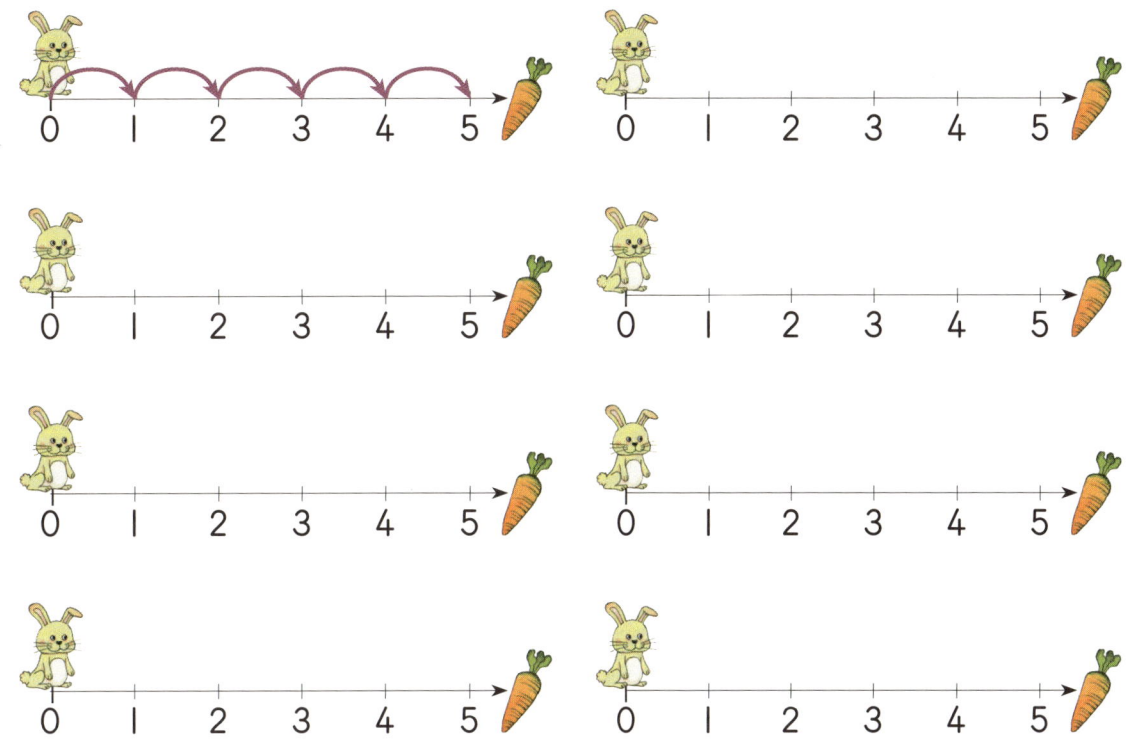

❷ 5칸을 가는 방법은 모두 몇 가지입니까?

3 쿠키를 한 번에 1개 또는 2개씩 먹을 수 있다고 할 때, 쿠키 4개를 먹는 방법은 모두 몇 가지입니까?

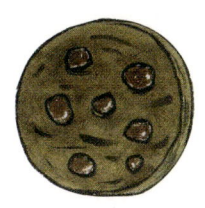 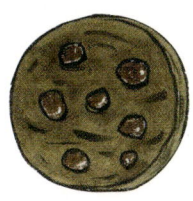 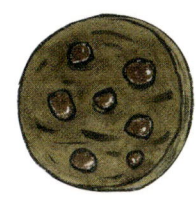 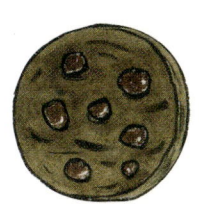

개념 알기 4 　계단 오르기

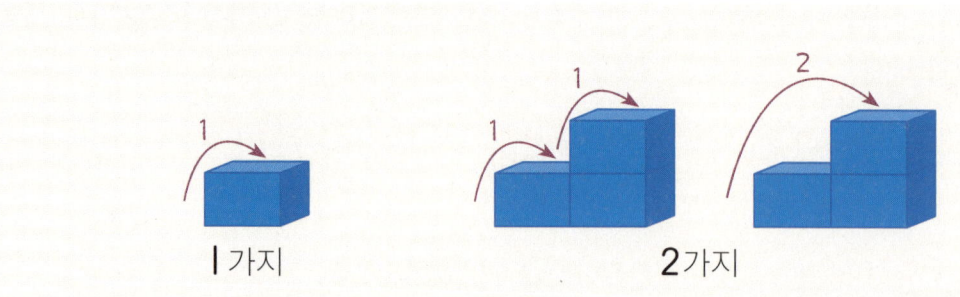

| 가지　　　　　　　　　　　2가지

• 계단을 1칸 또는 2칸씩 올라갈 때, 계단을 오르는 방법의 가짓 수를 알 수 있습니다.

• 계단 3개를 올라가는 방법은 3가지입니다.

계단	1개	2개	3개	…
방법 수	1	2	3	…

1+2

1 계단을 1칸 또는 2칸씩 올라갈 때 계단 4개를 올라가는 방법을 모두 구하시오. 모두 몇 가지입 니까?

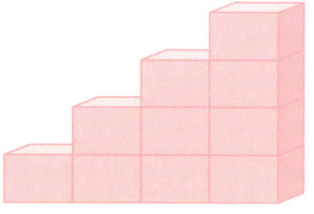

1	1	1	1		1	1	2

| | | |　　　| | | |

| | |

➡ 모두 ☐ 가지

2 태경이는 계단 5개를 한 번에 1칸 또는 2칸씩 올라가려고 합니다. 물음에 답하시오.

❶ 태경이가 5개를 올라가는 방법은 모두 몇 가지인지 예상하여 보시오.

❷ 계단 5개를 올라가는 방법을 모두 구하고 방법의 가짓수가 예상과 같은지 확인하여 보시오.

3 계단 8개를 한 번에 1칸 또는 2칸씩 올라가는 방법의 가짓수를 규칙을 이용하여 알아보려고 합니다. 표의 빈칸에 알맞은 수를 쓰고, 방법의 가짓수를 구하시오.

계단	1개	2개	3개	4개	5개	6개	7개	8개
방법 수	1	2	3	5				

2+3

[사다리 타기]

1 사다리를 한 번에 1칸 또는 2칸씩 오를 때 4칸의 사다리를 오르는 방법을
모두 그리고, 빈칸에 알맞은 수를 써넣으시오.

$4 = \boxed{1} + \boxed{} + \boxed{} + \boxed{}$

$4 = \boxed{1} + \boxed{} + \boxed{}$

$4 = \boxed{} + \boxed{} + \boxed{}$

$4 = \boxed{} + \boxed{} + \boxed{}$

$4 = \boxed{} + \boxed{}$

[자판기와 콜라]

2 자판기에는 동전을 한 번에 1개씩만 넣을 수 있습니다. 1센트와 2센트 동전으로 5센트짜리 콜라 1병을 사려고 할 때 동전을 넣을 수 있는 방법을 모두 찾아 그림으로 나타내시오.

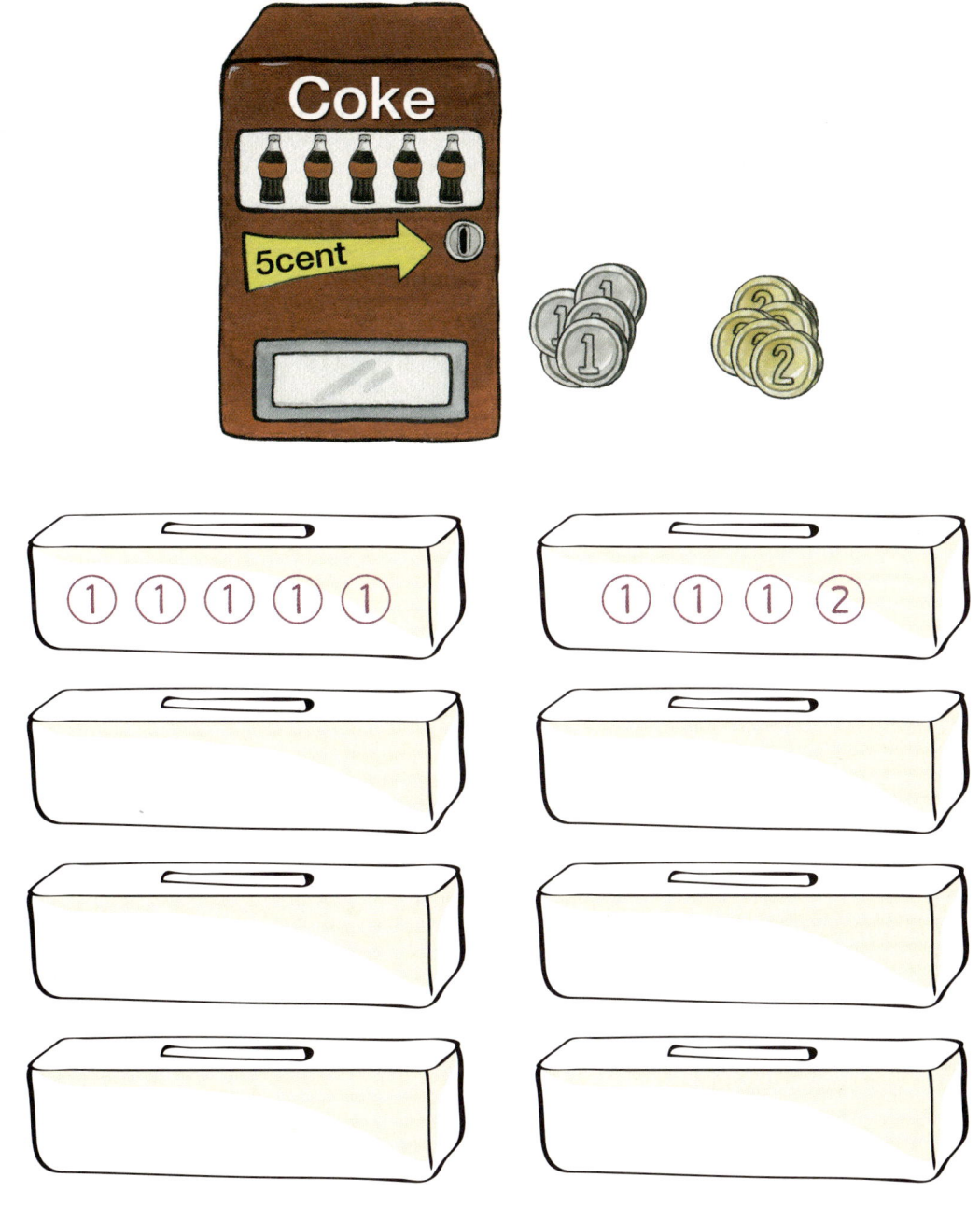

[목표수]

3 다음 숫자 카드를 이용하여 계산 결과가 4인 덧셈식을 만들려고 합니다. 만들 수 있는 방법을 모두 찾아 빈칸에 알맞은 수를 써넣으시오.

$\boxed{1} + \boxed{1} + \boxed{1} + \boxed{1} = 4$

$\boxed{} + \boxed{} + \boxed{} = 4$

$\boxed{} + \boxed{} + \boxed{} = 4$

$\boxed{} + \boxed{} + \boxed{} = 4$

$\boxed{} + \boxed{} = 4$

$\boxed{} + \boxed{} = 4$

$\boxed{} + \boxed{} = 4$

[모스부호]

4 모스부호(Morse Code)는 1838년 모스에 의해 발명된 전신부호입니다. 두 가지 모스부호 🔴과 🟦를 사용하여 영어 알파벳과 수를 표현할 수 있습니다.

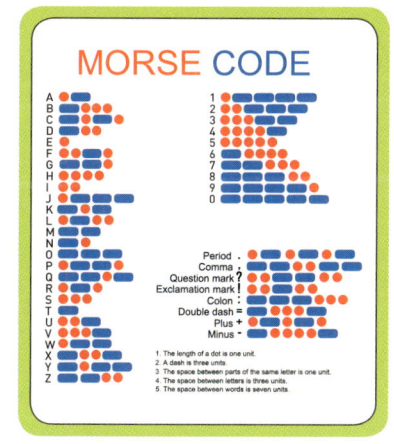

① 모스부호를 사용하여 1자리, 2자리, 3자리 암호를 각각 만드시오.

② 모스부호의 자리 수가 늘어날수록 만들 수 있는 암호의 수도 많아집니다. 규칙을 찾아 표를 완성하시오.

모스부호 자리	1	2	3	4	5	⋯
암호의 수	1			5		⋯

③ 모스부호로 만들 수 있는 6자리 암호는 모두 몇 가지입니까?

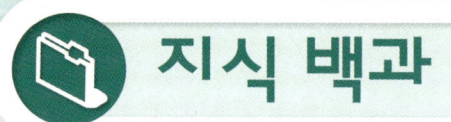

지식 백과 루카스

프랑스의 수학자 루카스(Eduard Lucas, 1842~1891)는 〈산반서〉의 토끼 문제에 처음으로 '피보나치 수열'이라는 이름을 붙였습니다. 1883년에는 '하노이 탑'이라고 불리는 유명한 수학 퍼즐 게임도 만들어 냈습니다.

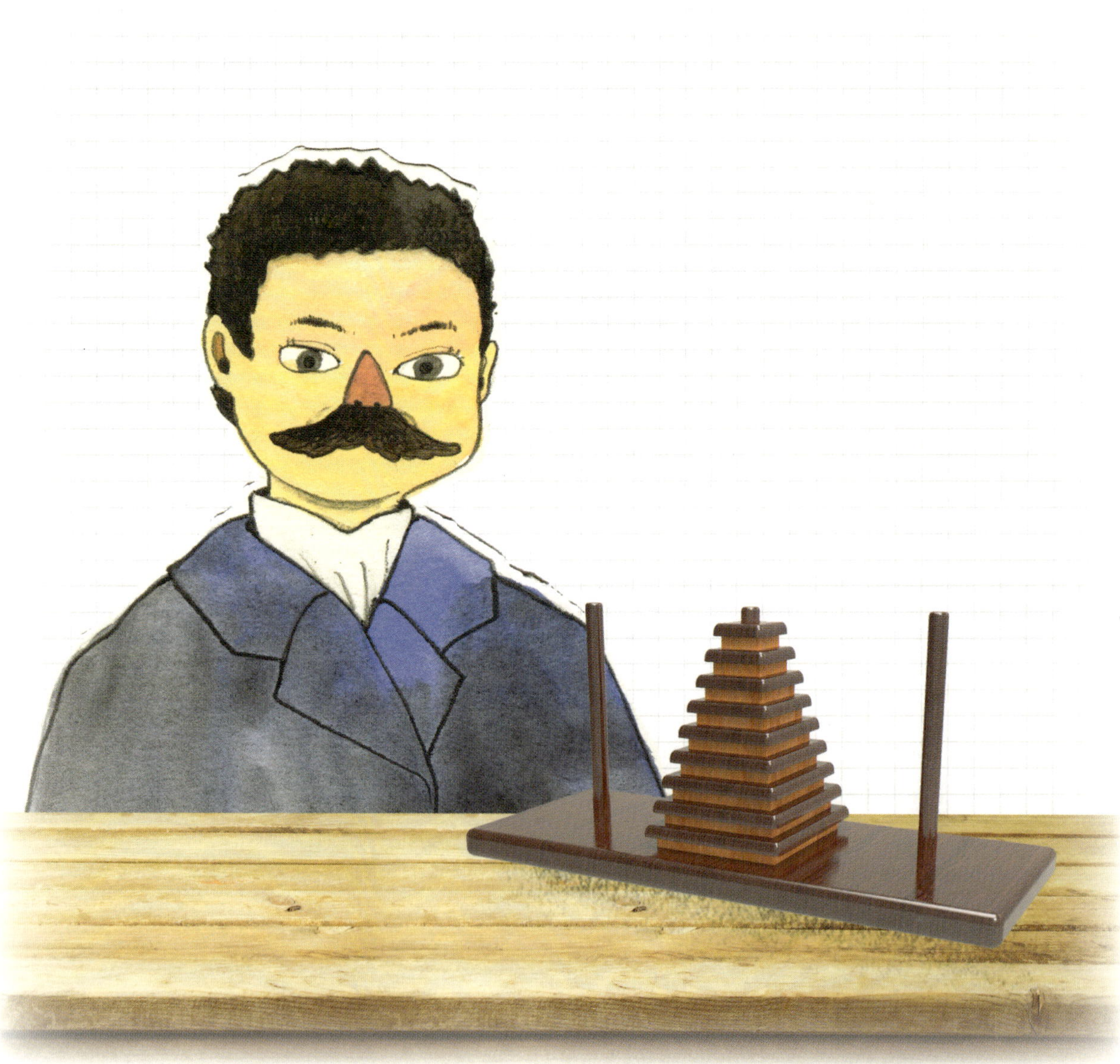

하노이 탑 퍼즐의 규칙을 알아볼까요?

A 하노이 탑 퍼즐의 게임 방법

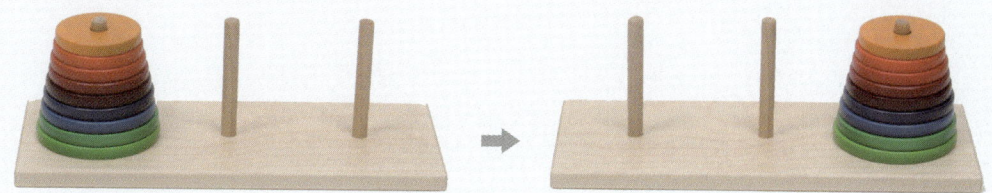

1. 한번에 1개의 원판만 옮겨야 합니다.
2. 작은 원판 위에 큰 원판을 올릴 수 없습니다.
3. 이동 횟수는 최소가 되게 해야 합니다.

하노이 탑 퍼즐 속 재미있는 규칙

원판의 개수	1	2	3	4	5	6	7	…
최소 이동 횟수	1	3	7	15	31	63	127	…

+2 +4 +8 +16 +32 +64

수학자 IV

1

생각 열기 1부터 100까지의 합은?

개념 알기 1 가우스 계산법

개념 알기 2 중앙수 계산법

스토리텔링 창의수학

수학 게임 짝꿍 만들기 게임

2

생각 열기 행운의 삼각형

개념 알기 3 합이 같은 두 수

개념 알기 4 합이 같은 세 수

스토리텔링 창의수학

지식 백과 뉴턴

가우스

메달 속에 가우스 얼굴이?

수학의 왕 가우스는 독일의 한 마을에서 태어났어요.
세 살 때 아빠의 장부에서 계산이 잘못된 것을 찾아낼 정도로
수학에 뛰어났고 계산이 빨랐어요.

집안 형편이 어려웠던 가우스는
마음씨 좋은 분의 도움으로 학교에 다니며
마음껏 수학 공부를 할 수 있었어요.

괴팅겐 대학교에 입학한 가우스는
수학과 과학 연구에 매진하며 수학 일기를 쓰기 시작했어요.

일기장에는 146개의 계산과
발견한 내용들을 기록해 두었다고 해요.

가우스는 이탈리아의 천문학자 피아치가 발견한
소행성의 타원궤도를 측정하여
1년 뒤의 소행성 위치를 정확히 계산하기도 했어요.
가우스의 천문학 업적을 인정한 독일 괴팅겐 대학교는
가우스를 수학 교수 겸 대학교 천문대장으로 임명했어요.

국제수학연맹에서는 가우스를 기억하며 '가우스 상'을 만들었어요.
이 상은 수학을 연구하여 훌륭한 업적을 남긴 학자에게
4년마다 수여되고 있답니다.

1부터 100까지의 합은?

가우스가 10살 때의 일입니다. 담임 선생님께서 칠판에 문제를 내셨습니다.
가우스는 이 문제를 순식간에 해결했습니다. 어떻게 계산한 걸까요?

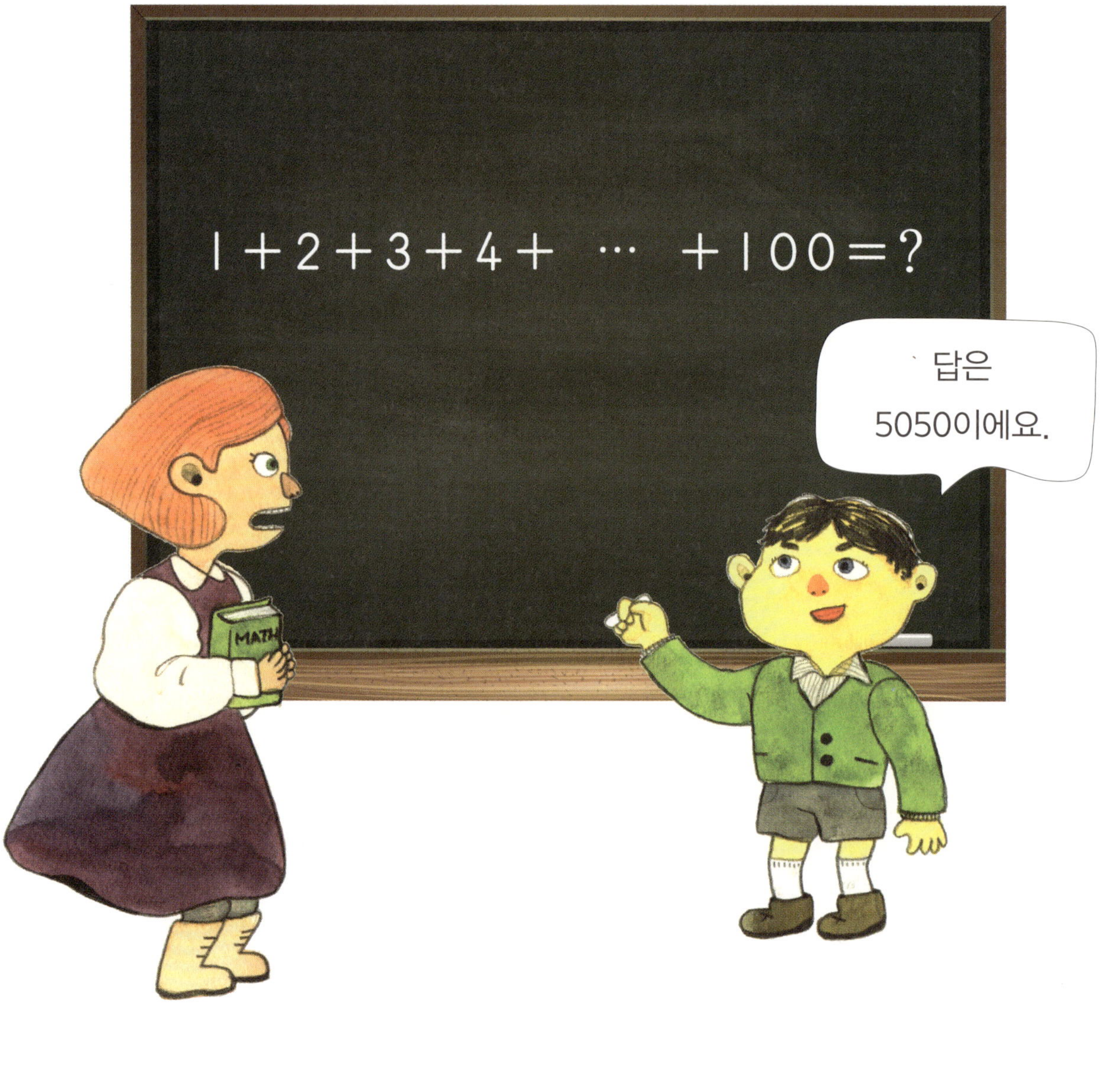

$$1+2+3+4+ \cdots +100=?$$

답은 5050이에요.

나만의 방법으로 계산하여 답을 구하시오.

$$1 + 2 + 3 + 4 + 5 = ?$$

$$1 + 2 + 3 + 4 + 5$$
$$+ 6 + 7 + 8 + 9 = ?$$

$1+2+3+4$
$= \boxed{5} + \boxed{5}$
$= 10$

• 가우스 계산법은 일정한 규칙으로 반복하는 수들을 합이 같은 두 수씩 짝을 지어 계산하는 방법입니다.

• 연속하는 네 수 1, 2, 3, 4에서 1과 4, 2와 3의 합이 각각 5 이므로 1+2+3+4=5+5입니다.

1 합이 같은 두 수끼리 짝을 지어 계산하시오.

❶

$2+3+4+5$
$= (2+\boxed{}) + (3+\boxed{})$
$= \boxed{} + \boxed{} = \boxed{}$

❷

$1+3+5+7$
$= (1+\boxed{}) + (\boxed{}+\boxed{})$
$= \boxed{} + \boxed{} = \boxed{}$

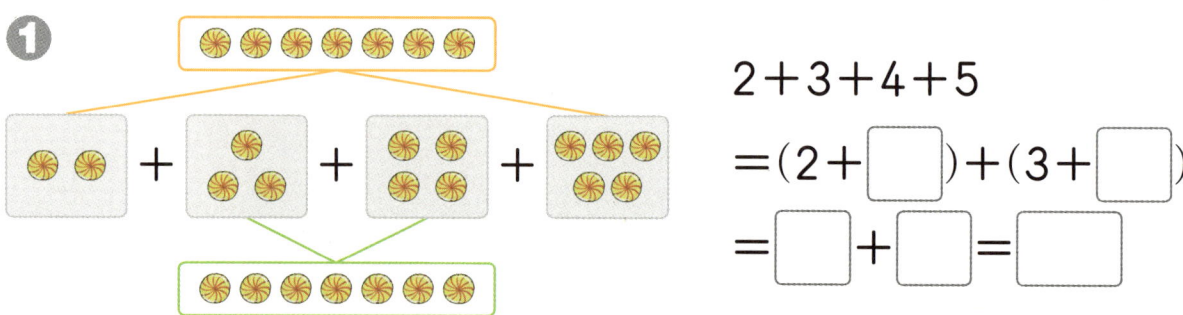

2 합이 같은 두 수끼리 짝을 지어 계산하시오.

① $4 + 5 + 6 + 7$

$= \boxed{11} + \boxed{11}$

$= \boxed{}$

② $6 + 7 + 8 + 9$

$= \boxed{} + \boxed{}$

$= \boxed{}$

③ $9 + 10 + 11 + 12$

$= \boxed{} + \boxed{}$

$= \boxed{}$

④ $11 + 12 + 13 + 14$

$= \boxed{} + \boxed{}$

$= \boxed{}$

3 다음 덧셈을 간단하게 하려고 합니다. 물음에 답하시오.

$$1 + 2 + 3 + 4 + 5 + 6 + 7 + 8 + 9 + 10$$

① 가장 작은 수와 가장 큰 수의 합을 ■라 합니다. ■를 구하시오.

② 합이 ■인 두 수를 모두 찾아 서로 짝 지으시오.

③ 덧셈식의 계산 결과를 구하시오.

$$1 + 2 + 3$$
$$= \boxed{2} + \boxed{2} + \boxed{2}$$
$$= 6$$

- 중앙수 계산법은 일정한 규칙으로 반복하는 홀수 개의 수의 합을 구할 때 중앙수를 수의 개수만큼 더하는 방법입니다.
  └● 가운데에 있는 수
- 연속하는 세 수의 합은 중앙수를 **3**번 더한 것과 같습니다.

$$1 + 2 + 3 = 2 + 2 + 2 = 6$$

1 |부터 5까지의 수의 합을 구하려고 합니다. 그림을 완성하고, 빈칸에 알맞은 수를 써넣으시오.

$$1 + 2 + 3 + 4 + 5$$
$$= 3 + 3 + \boxed{} + \boxed{} + \boxed{} = \boxed{}$$

2 중앙수를 찾아 ○표 한 후 식을 계산하시오.

① $3+4+5$

$= \boxed{} + 4 + \boxed{}$

$= \boxed{}$

② $9+11+13$

$= \boxed{} + 11 + \boxed{}$

$= \boxed{}$

③ $1+3+5+7+9+11+13$

$= \boxed{} + \boxed{} + \boxed{} + \boxed{} + \boxed{} + \boxed{} + \boxed{} = \boxed{}$

3 다음 덧셈을 간단하게 하려고 합니다. 물음에 답하시오.

$$1+4+7+10+13+16+19$$

① 위 식을 간단히 계산하는 방법을 설명하여 보시오.

② 덧셈식의 계산 결과를 구하시오.

 # 스토리텔링 창의수학

[도형수]

1 연속하는 수들의 합을 구하는 과정입니다. 같은 모양은 같은 숫자를 나타낸다고 할 때, 도형이 나타내는 수가 같은 식끼리 짝을 지으시오.

㉠ $2+3+4+5=$ ■$+$■

㉡ $1+3+5+7+9=$ ●$+$●$+$●$+$●$+$●

㉢ $1+2+3+4=$ ▲$+$▲

㉣ $5+7+9+11+13=$ ◆$+$◆$+$◆$+$◆$+$◆

㉤ $1+4+7+10+13=$ ⬠$+$⬠$+$⬠$+$⬠$+$⬠

㉥ $2+3+4+5+6+7=$ ⬡$+$⬡$+$⬡

(㉠ , ☐), (☐ , ☐), (☐ , ☐)

[시계]

2 시계에 있는 Ⅰ부터 Ⅰ2까지의 수의 합을 구하려고 합니다. 합이 모두 같도록 두 수씩 짝을 지어 보고, 빈칸에 알맞은 수를 써넣으시오.

13 + ☐ + ☐ + ☐ + ☐ + ☐ = ☐

[달력]

3 달력을 보고 물음에 답하시오.

일	월	화	수	목	금	토
	1	2	3	4	5	6
7	8	9	10	11	12	13
14	15	16	17	18	19	20
21	22	23	24	25	26	27
28	29	30	31			

❶ 중앙수를 이용하여 ☐ 와 ☐ 안에 있는 세 수의 합을 각각 구하시오.

$$9+10+11=\boxed{}+10+\boxed{}=\boxed{}$$

$$3+10+17=\boxed{}+10+\boxed{}=\boxed{}$$

❷ 달력에서 이웃한 칸에 쓰여 있는 세 수의 합이 **66**이 되는 곳을 찾아 모두 표시하고, 다음 식을 완성하시오.

$$66=22+22+22=\boxed{}+22+\boxed{}$$

$$66=\boxed{}+22+22=\boxed{}+22+\boxed{}$$

❸ 같은 요일에 있는 모든 수들의 합이 **62**입니다. 무슨 요일입니까?

4 문제를 읽고 답을 구하시오.

① 엄마가 태경이와 형, 동생에게 사탕 15개를 나누어 주었습니다. 형에게는 태경이에게 준 사탕보다 2개 더 많이, 동생에게는 태경이에게 준 사탕보다 2개 더 적게 주었다면 태경이가 받은 사탕은 몇 개입니까?

② 다예는 월요일에 줄넘기를 10번 하였습니다. 매일 줄넘기 횟수를 3번씩 늘린다면, 다예는 월요일부터 토요일까지 줄넘기를 모두 몇 번 하겠습니까?

③ 진세는 월요일부터 일요일까지 매일 4장씩 문제집을 풉니다. 하제는 월요일에는 1장을 풀고 매일 1장씩 더 많이 풀어 일요일에는 7장을 풉니다. 진세와 하제는 일주일 동안 문제집을 몇 장씩 푸는지 각각 구하시오.

④ 할아버지 댁에 있는 시계는 정각에 종이 울려 시각을 알려줍니다. 1시에는 1번, 2시에는 2번 종이 울리는 시계가 하루 동안 울린 횟수는 모두 몇 번입니까? (단, 오전 1시와 오후 1시에 울리는 횟수는 같습니다.)

짝꿍 만들기 게임

숫자 카드를 합이 같게 **짝** 지어 봅시다.

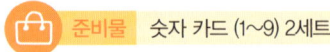 **준비물** 숫자 카드 (1~9) 2세트

게임 방법

1 Ⅰ부터 9까지의 숫자 카드 2세트를 숫자가 보이지 않게 뒤집어 잘 섞습니다.

2 숫자 카드를 5장씩 가져갑니다.

❸ 각자 뽑은 숫자 카드를 합이 같게 짝을 지어 내려놓습니다. 단, 숫자 카드는 한 번에 **3**장까지 짝을 지을 수 있습니다.

❹ 카드를 모두 내려놓거나 더 많은 카드를 내려놓은 사람이 이깁니다.

행운의 삼각형

가우스는 행운의 삼각형을 만들었습니다. 행운의 삼각형에는 1부터 6까지의 수가 쓰여 있고 각 줄에 있는 세 수의 합은 모두 같습니다. 가우스는 세 수의 합을 '행운의 수'라고 불렀습니다.

내가 만든
행운의 삼각형이야.

행운의 수 : 9

1부터 6까지의 수 구슬로 행운의 삼각형을 만들었습니다. 빈 구슬에 알맞은 수를 써넣고, 행운의 수를 구하시오.

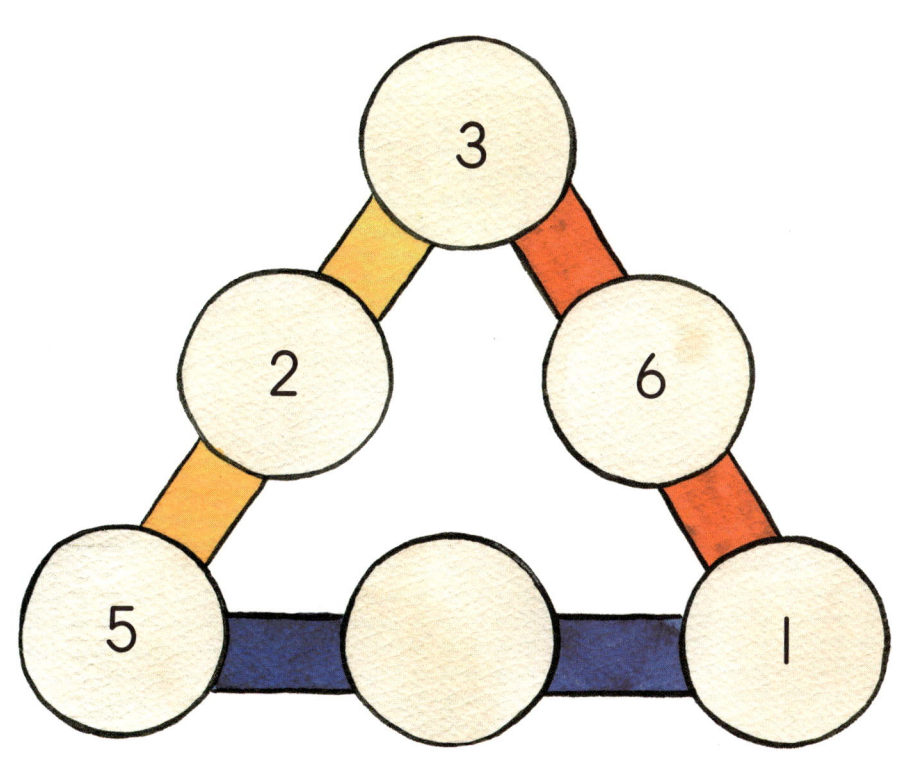

행운의 수 : ☐

합이 같은 두 수

- 합이 같은 두 수를 사용하여 한 줄에 놓인 세 수의 합이 같도록 만들 수 있습니다.

- 가운데 수를 제외한 남은 수들 중 가장 작은 수와 가장 큰 수, 두 번째 작은 수와 두 번째 큰 수를 짝을 짓고, 짝 지은 수를 한 줄에 씁니다.

1 선으로 이어진 두 수의 합이 모두 같도록 빈칸에 숫자 카드의 수를 한 번씩 써넣으시오.

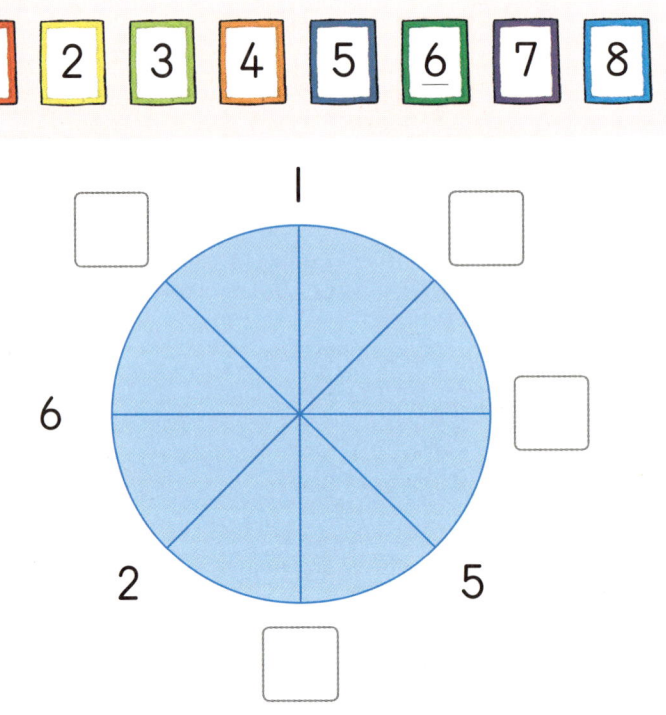

2 한 줄에 놓인 세 수의 합이 모두 같도록 빈칸에 숫자 카드의 수를 써넣으시오.

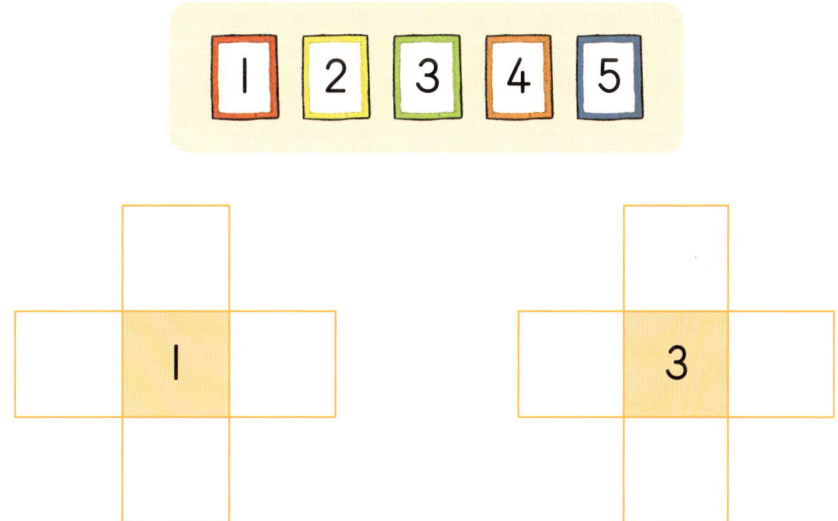

3 각 줄에 놓인 세 수의 합이 모두 같도록 숫자 카드의 수를 써넣고, 세 수의 합을 구하시오.

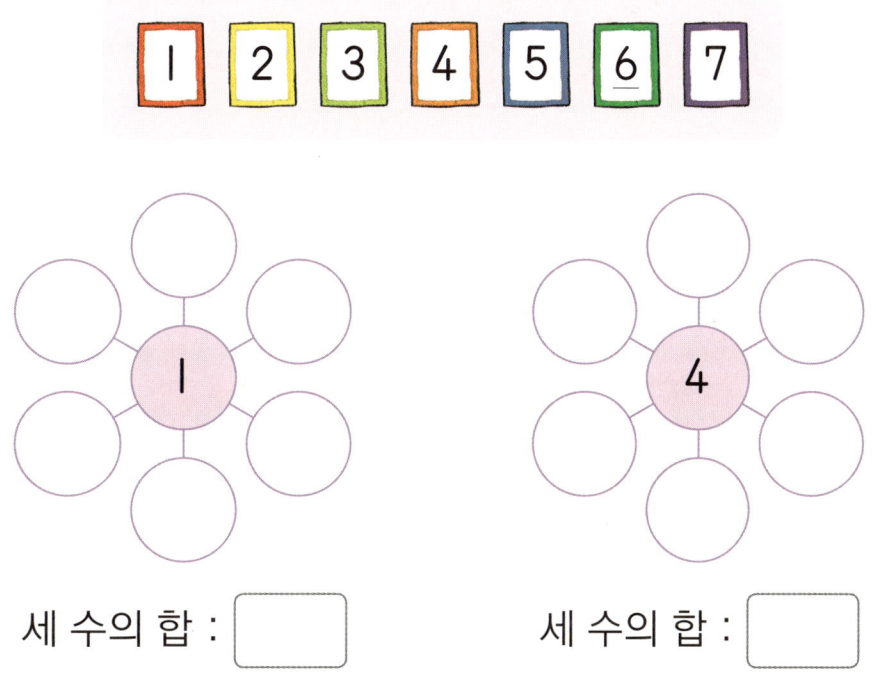

세 수의 합 : ☐   세 수의 합 : ☐

- 수를 넣는 방법에 따라 세 수의 합은 달라질 수 있습니다.
- 주어진 수 중 가장 작은 수와 가장 큰 수, 그리고 중앙수가 가운데에 들어갈 수 있습니다.

  1 2 **3** 4 **5**

- 가운데 수가 작을수록 세 수의 합이 작아집니다.

  가운데 수 1 ➡ $3+1+4=2+1+5=8$

  가운데 수 3 ➡ $2+3+4=1+3+5=9$

  가운데 수 5 ➡ $2+5+3=1+5+4=10$

1 숫자 카드를 한 번씩만 사용하여 한 줄에 놓인 세 수의 합이 모두 같도록 빈칸에 알맞은 수를 써넣으시오.

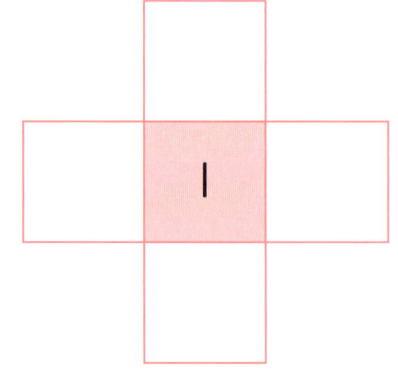

세 수의 합 : 13

2 한 줄에 놓인 세 수의 합이 같도록 숫자 카드의 수를 써넣고 세 수의 합을 구하시오.

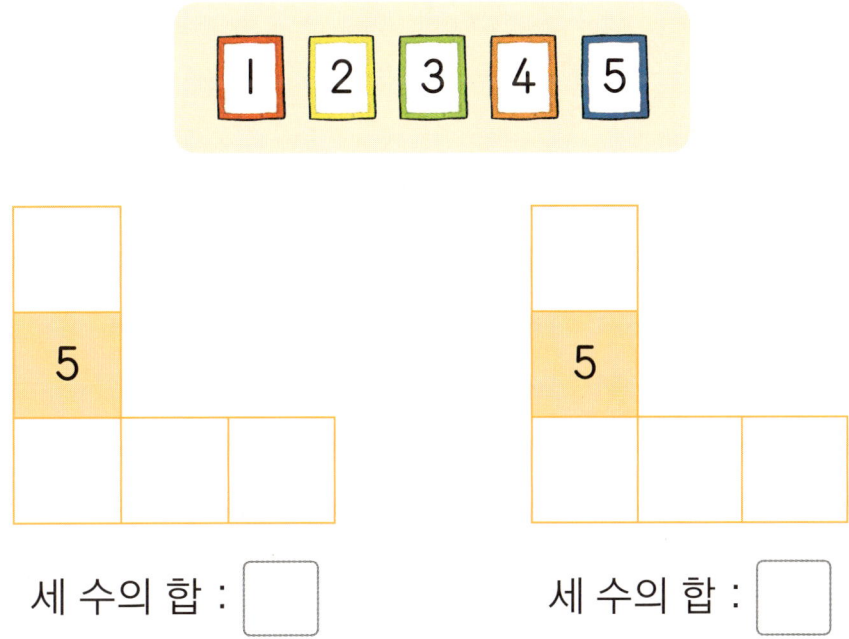

세 수의 합 : ☐   세 수의 합 : ☐

3 한 줄에 놓인 세 수의 합이 가장 크도록 빈칸에 숫자 카드의 수를 한 번씩 써넣으시오.

 # 스토리텔링 **창의수학**

[가운데 수]

1 각 줄에 놓인 세 수의 합이 같도록 빈칸에 알맞은 수를 써넣으시오.

❶

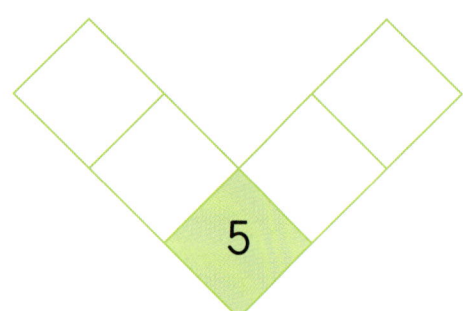

❷

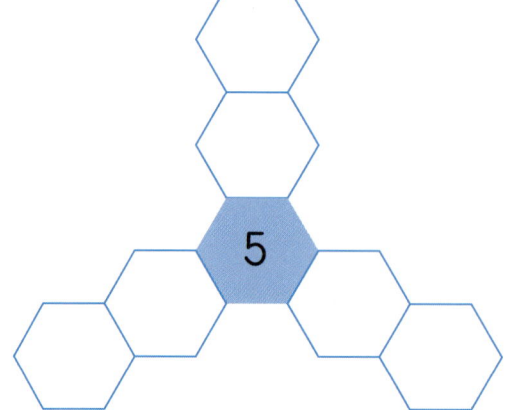

2 각 줄에 놓인 세 수의 합이  안의 수와 같을 때, 숫자 카드의 수를 빈칸에 한 번씩 써넣으시오.

❶

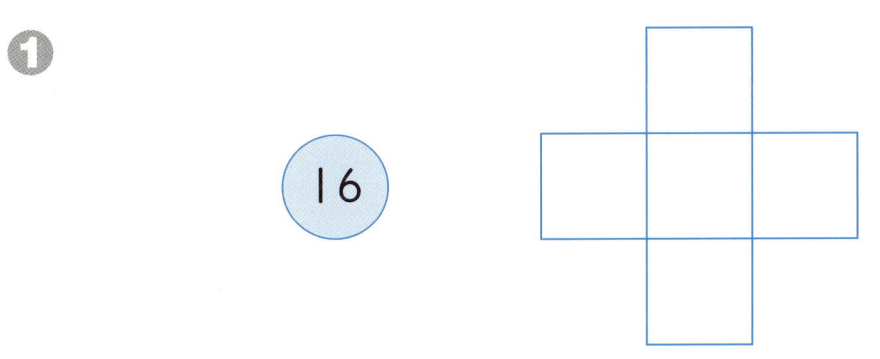

❷

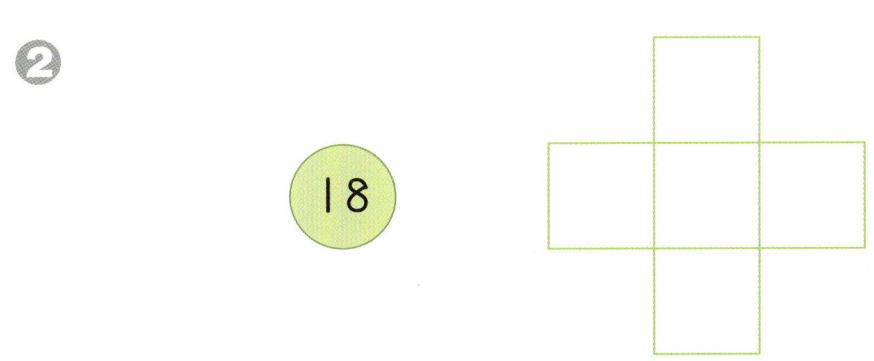

❸

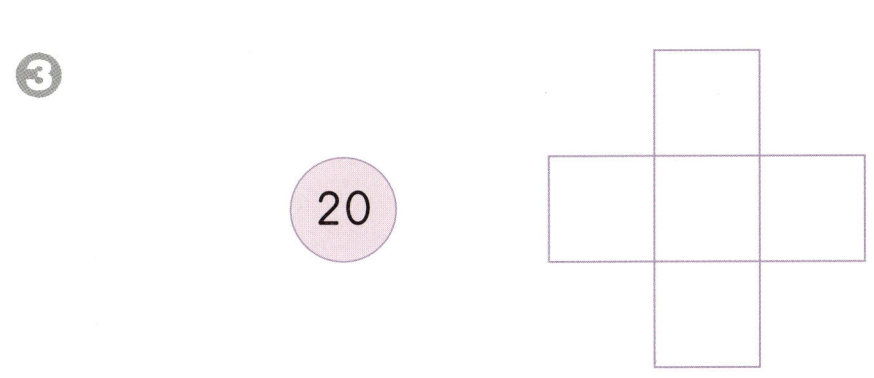

[세 수의 합]

3 한 줄에 놓인 세 수의 합이 모두 같도록 숫자 카드의 수를 써넣으려고 합니다. 세 수의 합이 가장 작은 경우와 가장 큰 경우를 찾고, 그 때의 세 수의 합을 구하시오.

❶ 가장 작은 경우

세 수의 합 : ☐

❷ 가장 큰 경우

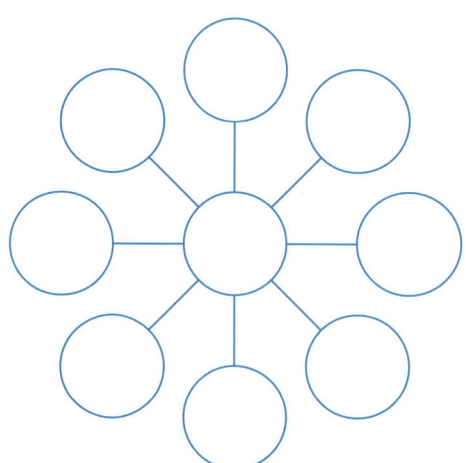

세 수의 합 : ☐

Tip 가운데 수가 작을수록 세 수의 합이 작아집니다.

[세 수의 합]

4 각 줄에 놓인 세 수의 합이 같도록 빈칸에 알맞은 숫자 카드의 수를 써넣으시오.

❶

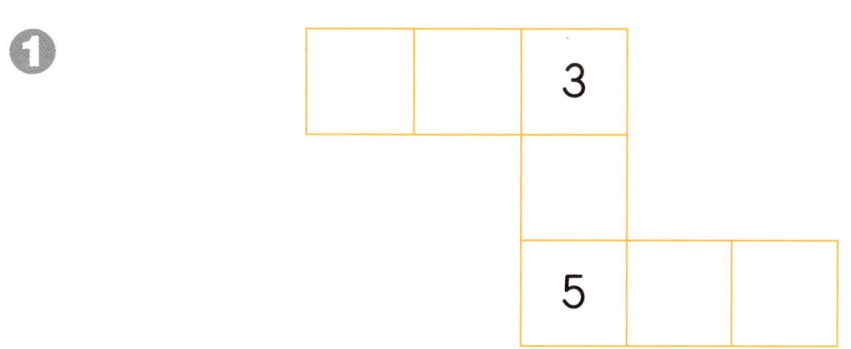

		3
	5	

❷

	4	

Tip

$2+3+7=3+4+5$

뉴턴

만유인력을 발견한 뉴턴(Isaac Newton, 1642~1727)은 과학자이자 수학자입니다. 뉴턴은 책 읽기와 생각하기를 좋아했습니다. 또, 주변에서 일어나는 작은 일에도 관심을 가지고 주의 깊게 관찰했습니다. 그 결과 사과가 나무에서 땅으로 떨어지는 사소한 것에서 만유인력을 발견하는 중요한 아이디어를 얻었습니다.

A 길이가 7cm인 실의 양 끝을 두 점에 고
정하고 연필로 실을 팽팽하게 당기면서
그리면 찌그러진 동그라미(타원)를 그릴
수 있습니다.

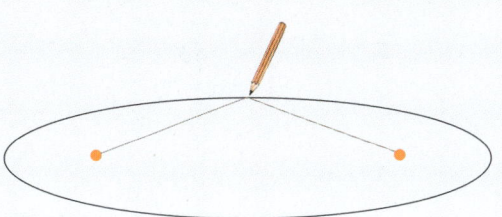

실의 길이를 이용하여 찌그러진 동그라미(타원)의 특징을 알 수 있습니다.

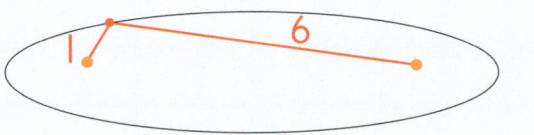

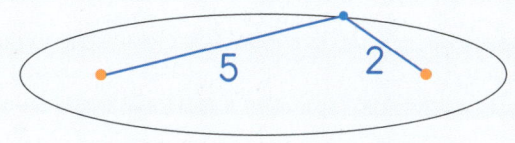

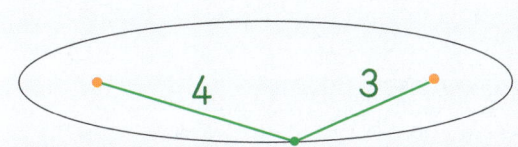

빨간색 실 : $1+6=7$
파란색 실 : $5+2=7$
초록색 실 : $4+3=7$

찌그러진 동그라미(타원)에서 두 점까지의 거리의 합은 항상 같습니다.

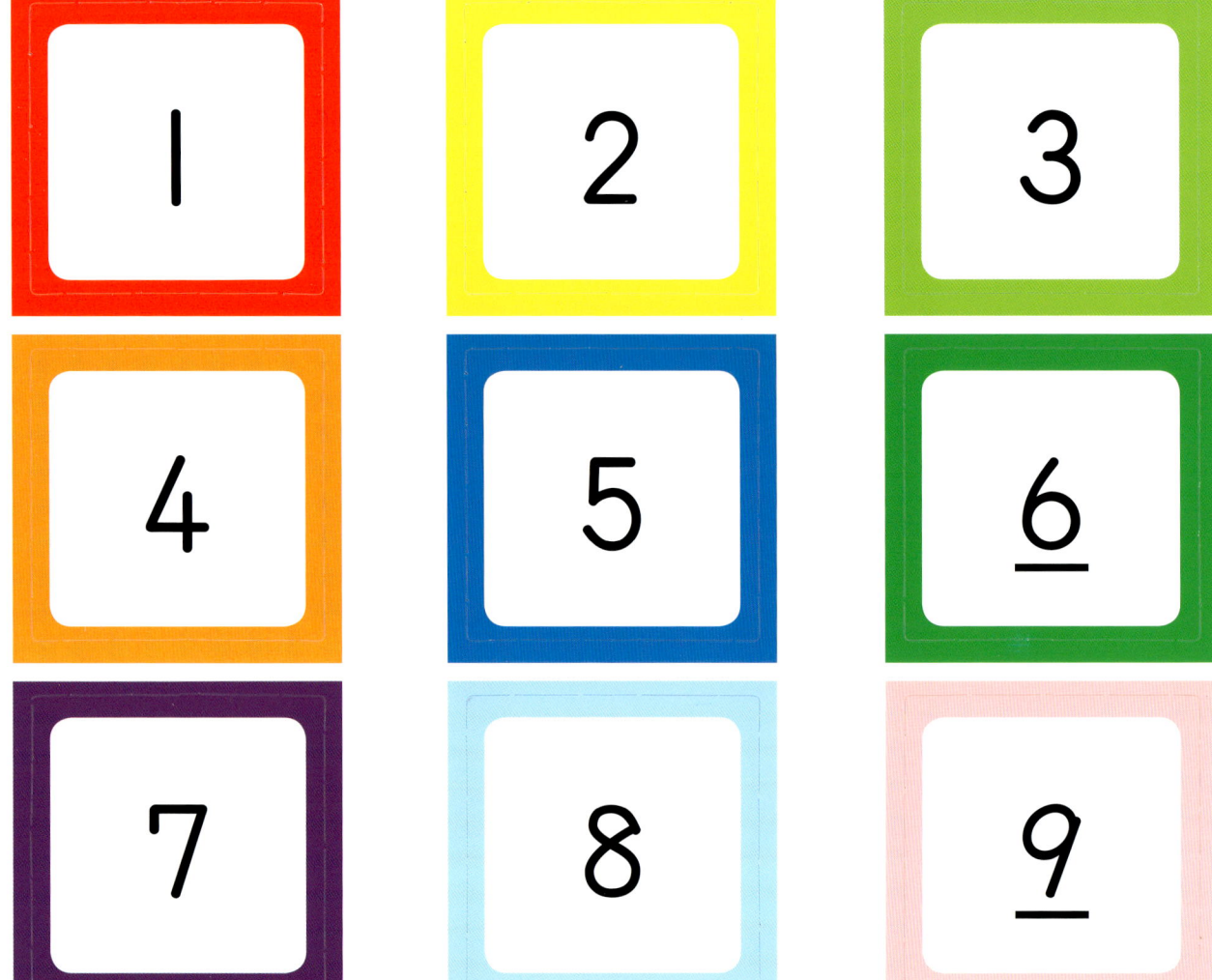

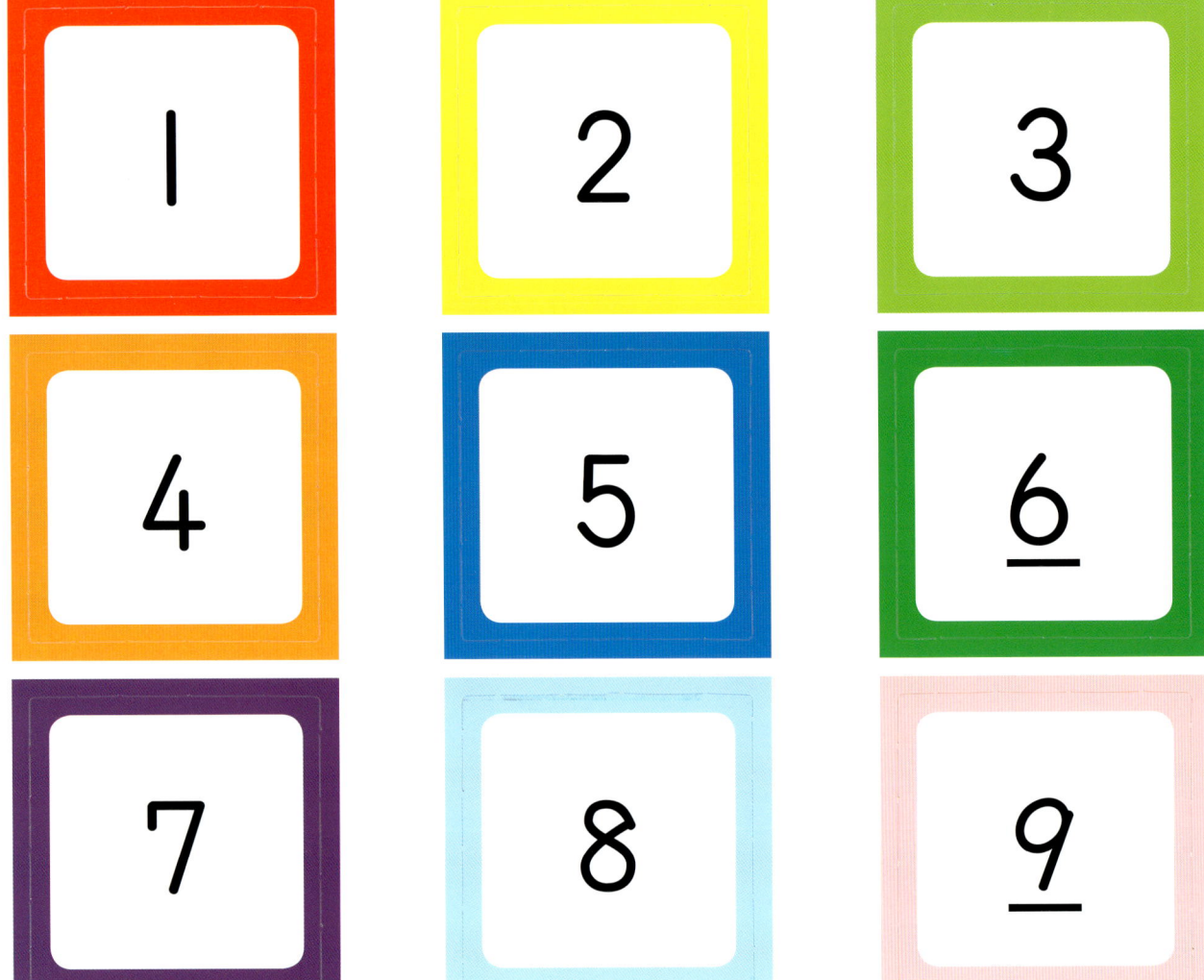

붙임 딱지

붙임 딱지

24~25쪽에 사용하세요.

5	<u>6</u>	7
8	<u>9</u>	0
1	2	3
4	5	<u>6</u>
7	8	<u>9</u>

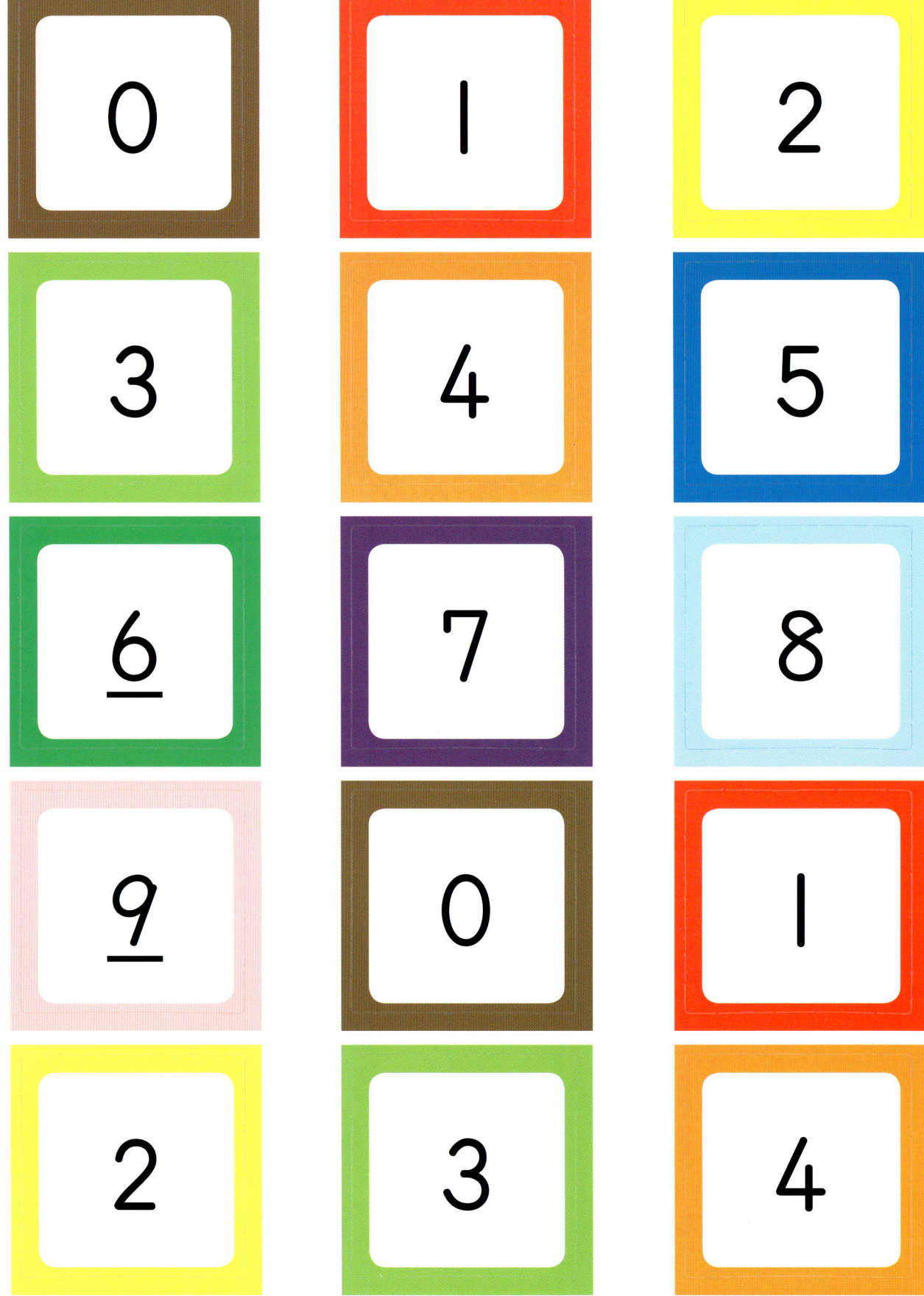

한 번만 읽을 수 있는 책

우리의 삶은 한 권의 책과 같다.
어리석은 이는 그것을 마구 넘겨 버리지만,
현명한 이는 열심히 읽는다.
인생은 단 한 번만 읽을 수 있다는 것을
알기 때문이다.

장 파울 (Jean Paul)

한 번 지나간 시간은 돌아오지 않습니다. 어제와 똑같은 오늘이 반복되는 것처럼 보일지라도
사실 우리는 인생이라는 한 권의 책을 완성해 가는 동안 늘 새로운 시간들과 마주치게 되는 것이죠.
매일 새롭게 넘겨지는 '오늘'이라는 책장, 오늘 하루도 열심히 읽어보세요!

창의력 수학

노크 C 단계

우리 아이의 수학적 잠재력을 깨워주는

창의력 수학 노크

Knock! Knock!

학부모 가이드

수학자로 배우는 수학

C1

천재교육

학부모 가이드

우리 아이의
수학적 잠재력을 깨워주는 **창의력 수학**

노크

C1

⊞ 단원소개

수를 특별한 규칙에 따라 삼각형 모양으로 배열한 파스칼 삼각형의 원리를 이해하고 그 안에 숨어 있는 하키 스틱 모양의 규칙을 관찰합니다. 파스칼 삼각형의 규칙을 이용하여 거꾸로 삼각형과 수 피라미드를 완성할 수 있습니다.

⊞ 학습목표

1 파스칼 삼각형의 규칙을 이해하고, 파스칼 삼각형을 완성하게 합니다.
2 파스칼 삼각형에서 하키 스틱 규칙을 찾고, 식을 완성하게 합니다.
3 숫자 카드를 한 번씩만 사용하여 수 피라미드를 완성하게 합니다.
4 두 수의 차를 이용한 거꾸로 삼각형을 완성하게 합니다.

⊞ 스토리 동기유발

파스칼이 단순한 모양인 동그라미와 직선을 탐구하며 수학 연구를 시작한 이야기입니다. 여러 가지 사물을 관찰해 보고, 사물의 모양과 특징을 탐구해 볼 수 있습니다.

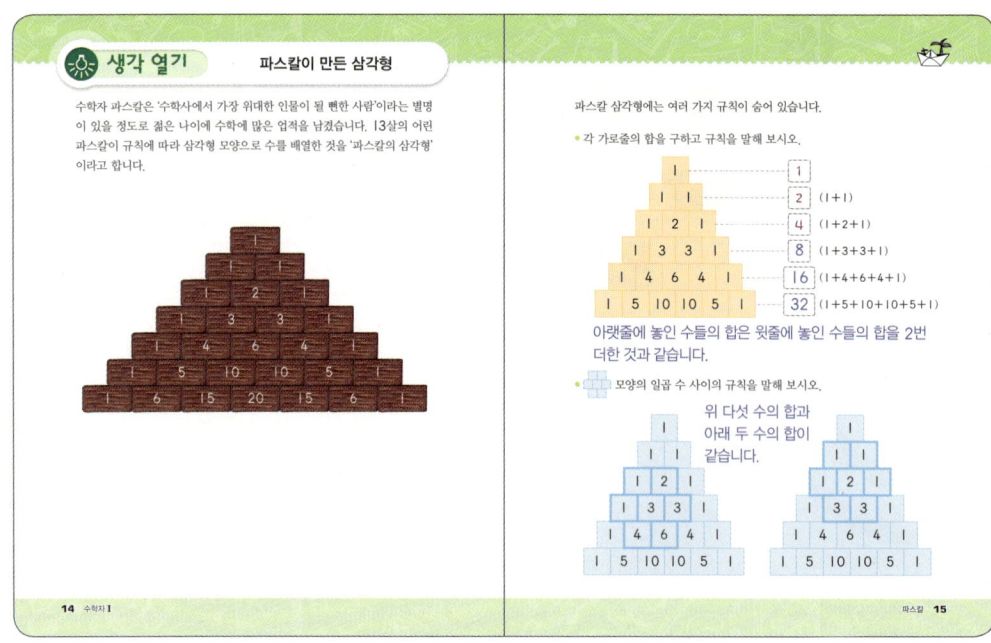

14 • 15

파스칼 삼각형에서 여러 가지 규칙을 알아보는 활동입니다. 가로줄에 놓인 수들의 합을 구하면 아랫줄에 놓인 수들의 합은 윗줄에 놓인 수들의 합을 2번 더한 값과 같음을 알 수 있습니다. 또한, 일곱 수에서 위의 다섯 수의 합이 아래 두 수의 합과 같다는 규칙도 찾을 수 있습니다. 이 외에도 파스칼 삼각형에 숨어 있는 규칙을 찾고 자유롭게 이야기해 봅니다.

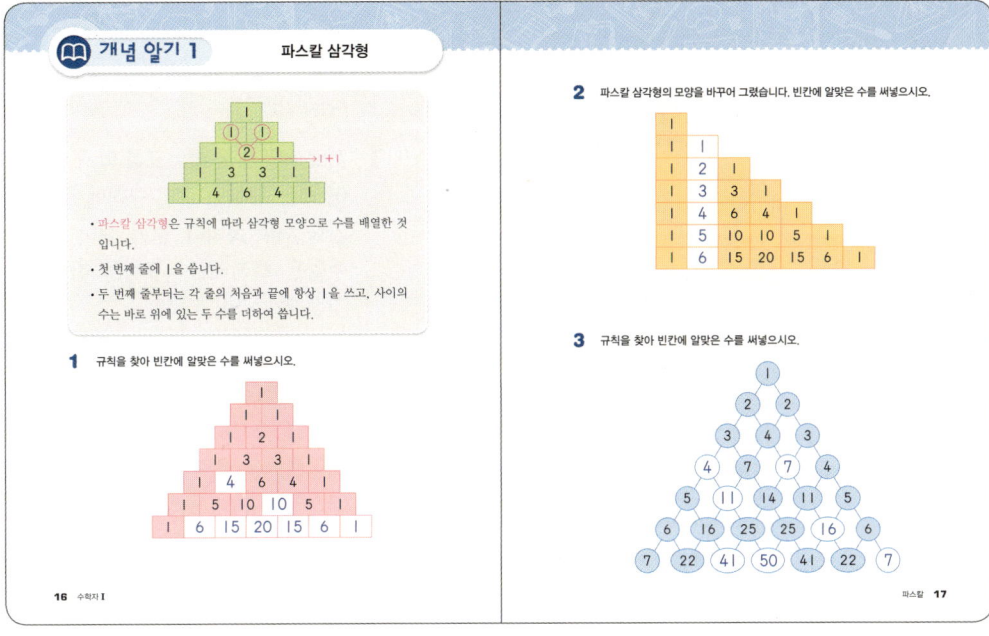

파스칼 삼각형의 규칙을 이해하고, 빈칸을 채워 파스칼 삼각형을 완성해 봅니다.

1 파스칼 삼각형의 빈 곳을 채우는 문제입니다. 주어진 파스칼 삼각형을 관찰하고, 규칙을 찾아 문제를 해결할 수 있습니다.

2 변형된 모양의 파스칼 삼각형의 빈 곳을 규칙을 찾아 채우는 문제입니다.

3 바깥쪽은 아래로 내려올수록 1씩 더해지는 규칙이 있습니다. 세 번째 줄부터 바로 위의 두 수를 더하여 쓰는 파스칼 삼각형입니다.

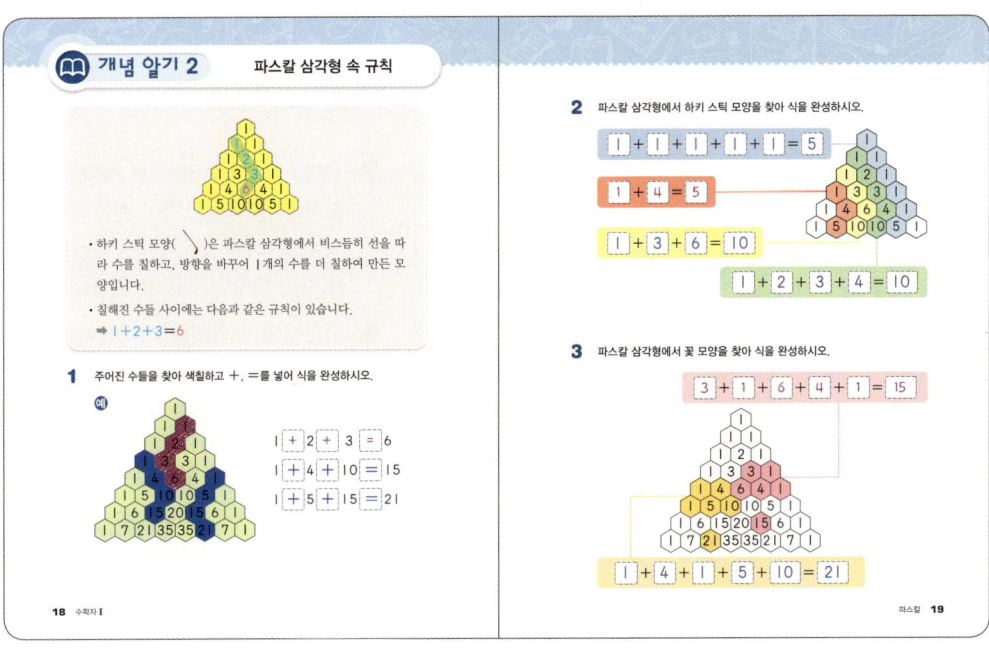

파스칼 삼각형에서 하키 스틱 규칙을 이용하여 식을 완성합니다. 하키 스틱 모양은 항상 가장 바깥쪽의 1부터 시작합니다.

1 하키 스틱 모양의 위의 수들의 합이 마지막 하나의 수와 같음을 이용하여 식을 완성합니다.

2 하키 스틱 모양으로 연결할 때 방향이 바뀌는 것에 주의하며 하키 스틱 모양을 찾아 식을 완성합니다.

3 파스칼 삼각형에서 찾을 수 있는 꽃 모양의 규칙은 위의 수들의 합이 떨어져 있는 한 수와 같다는 것입니다. 규칙을 찾아 식을 완성합니다.

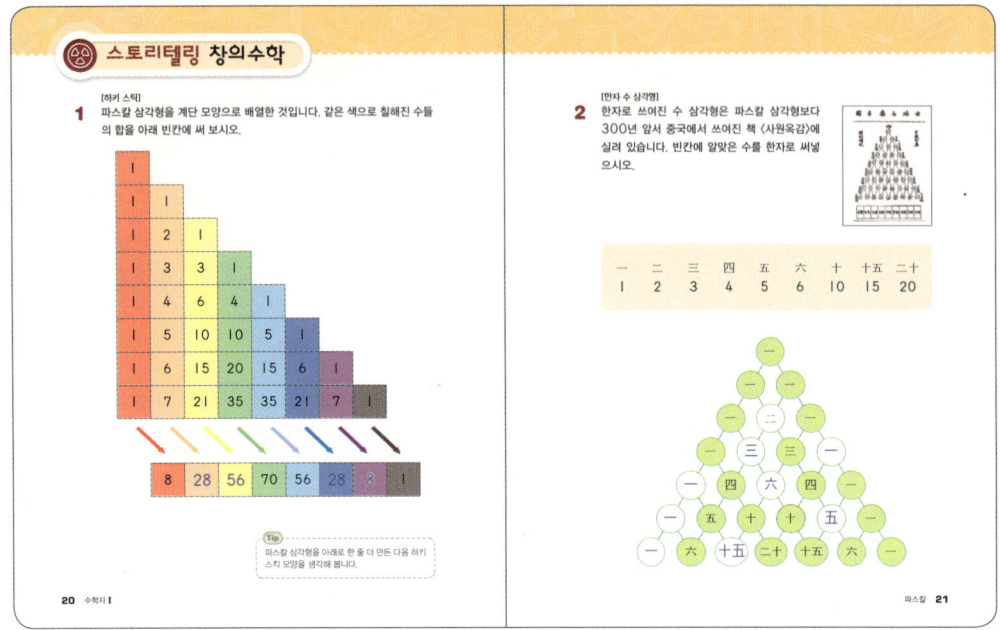

1 세로줄의 합을 화살표를 따라 아랫줄에 쓰는 규칙입니다. 규칙에 맞게 빈칸을 채워 봅니다. 같은 색이 칠해진 수들은 하키 스틱 규칙을 따른다는 것을 알 수 있습니다.

2 파스칼 삼각형의 규칙을 이해하고 빈칸에 들어갈 수를 한자로 써 봅니다. 한자를 숫자로 바꾸어 써서 빈칸에 해당하는 수를 구한 후, 숫자를 다시 한자로 바꾸어 쓰게 합니다.

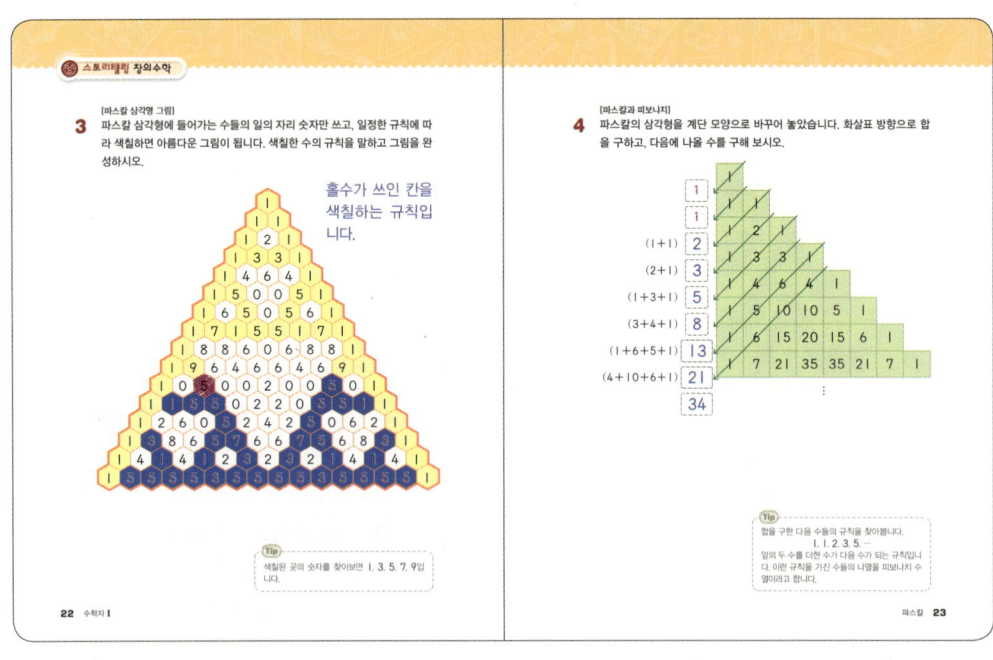

3 1부터 2씩 뛰어 센 수를 찾아 모두 색칠하면 문제의 모양이 만들어집니다. 색칠하는 수는 홀수이며, 색칠하지 않은 수는 짝수임을 알 수 있습니다.

4 파스칼의 삼각형을 직각삼각형 모양으로 나타내어 사선으로 수들의 합을 구할 수 있습니다. 합을 순서대로 나열하였을 때, 앞 두 수의 합이 다음 수가 되는 규칙을 찾을 수 있습니다. 이러한 규칙에 따라 나열된 수열을 피보나치 수열이라고 합니다.

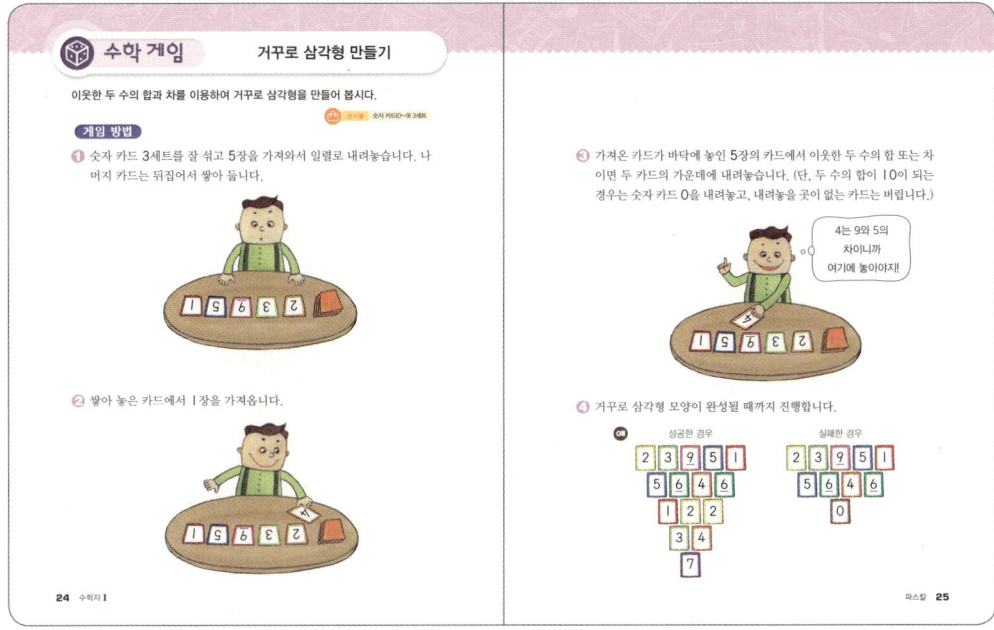

24 · 25

숫자 카드를 이용하여 '거꾸로 삼각형'을 완성하는 게임입니다. 두 수의 합과 차를 골고루 이용하여 숫자 카드를 내려 놓을 수 있습니다. 빨리 완성하지 못해도 괜찮습니다. 올바른 계산을 이용하여 거꾸로 삼각형을 완성할 수 있도록 도와줍니다.

26 · 27

아랫줄의 이웃한 두 수를 더하여 윗줄에 쓰는 규칙입니다.

삼각형을 관찰하고 규칙을 찾을 수 있도록 합니다. 왼쪽 삼각형의 규칙을 응용하여 나만의 규칙을 만들고, 삼각형을 완성한 후에 나의 규칙을 설명할 수 있게 도와줍니다.

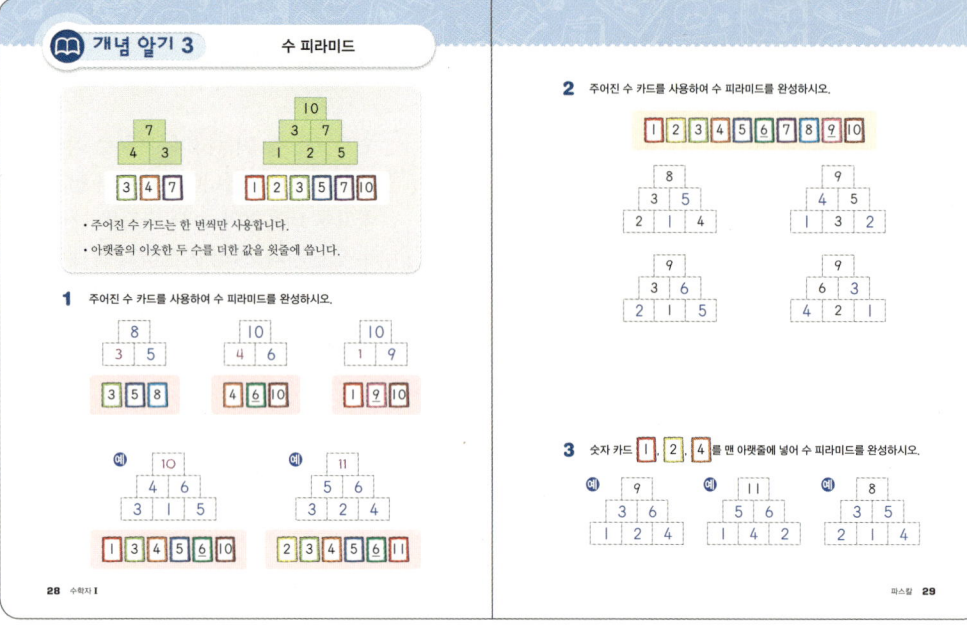

수 카드를 한 번씩만 사용하여 수 피라미드를 완성합니다.

1 수 피라미드의 가장 위에 가장 큰 수를 넣은 다음, 나머지 수들을 규칙에 맞게 넣습니다.

2 수 피라미드의 빈칸에 규칙에 맞게 수를 넣습니다. 이때, 같은 수를 여러 번 넣지 않도록 주의합니다.

3 수 피라미드의 맨 아랫줄의 가운데 칸에 들어가는 수가 클수록 가장 윗줄의 수가 커집니다. 이를 이용하여, 1, 2, 4 중 4가 들어갈 칸을 정하면 좀 더 쉽게 해결할 수 있습니다.

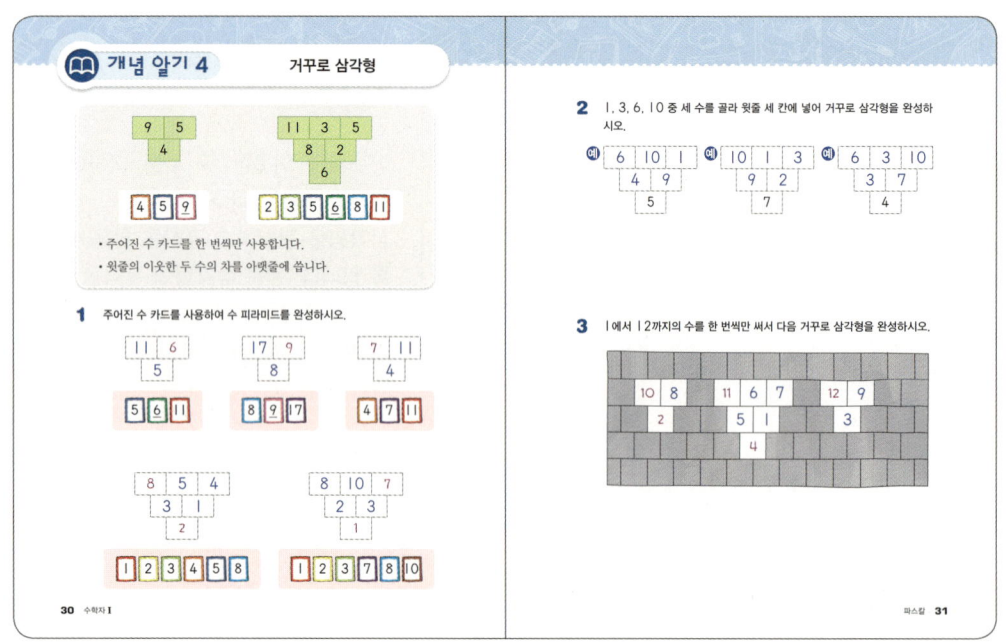

두 수의 차를 이용한 거꾸로 삼각형을 완성합니다.

1 거꾸로 삼각형의 가장 윗줄에 가장 큰 수를 넣은 다음, 나머지 수들을 규칙에 맞게 넣습니다.

2 아래부터 거꾸로 생각하여 두 수의 차가 5, 7, 4인 수들을 찾아 두 번째 줄에 넣은 다음, 조건에 맞는 거꾸로 삼각형이 만들어지는지 확인합니다.

3 수를 중복하여 사용하지 않도록 주의하며 규칙에 맞게 거꾸로 삼각형을 완성합니다.

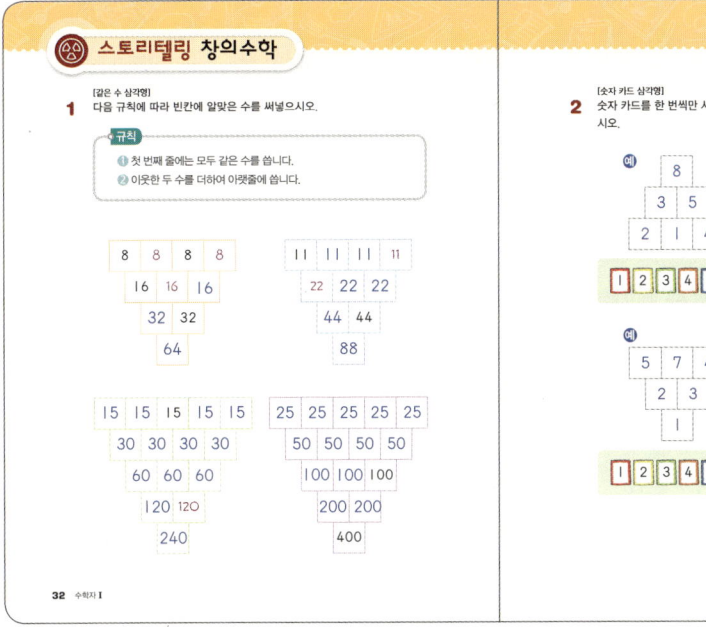

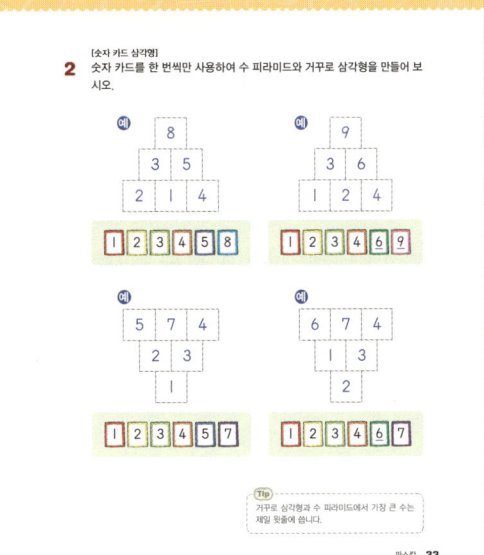

1 첫 번째 줄에 모두 같은 수를 쓴 다음, 그 다음 줄부터 위의 이웃한 두 수를 더하는 계산을 하며 빈칸을 모두 채웁니다.

2 가장 큰 수를 가장 윗줄에 쓴 다음, 나머지 수들을 규칙에 맞게 써넣어 완성합니다.

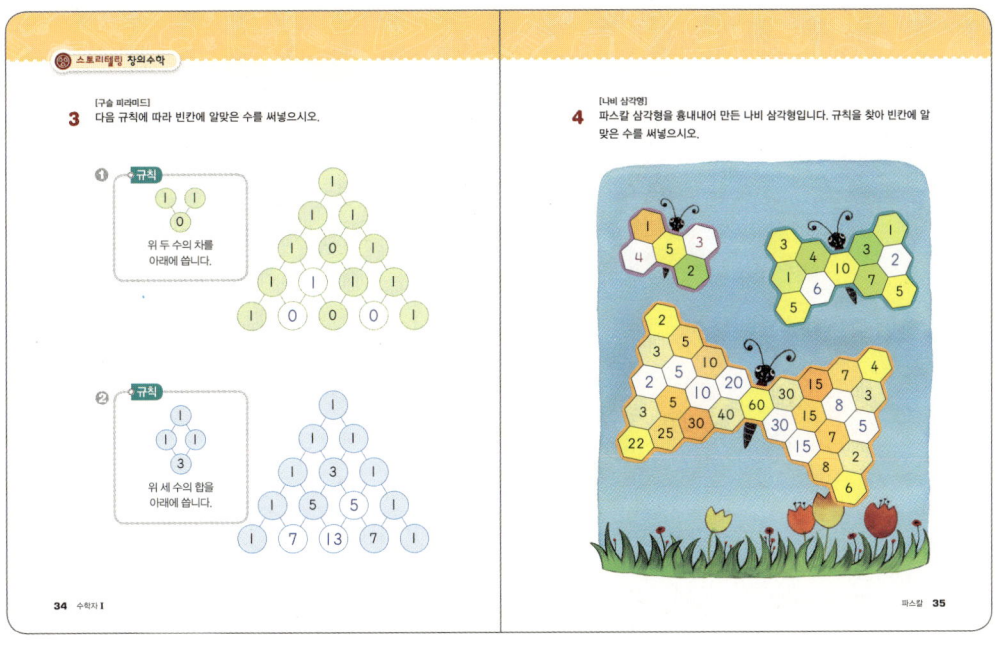

3 주어진 규칙에 따라 빈칸에 수를 써넣어 구슬 피라미드를 완성합니다.

4 나비 모양에서 왼쪽 방향의 ▷ 모양과 오른쪽 방향의 ◁ 모양은 각각 수 피라미드를 이루고 있습니다. 각각의 수 피라미드를 분리하여 규칙을 찾아 문제를 해결합니다.

II 피타고라스

단원소개

삼각수와 사각수의 규칙을 이해하고, 일정한 규칙에 따라 늘어놓은 도형이나 그림 속에서 규칙을 찾아 문제를 해결할 수 있습니다.

학습목표

1 늘어놓은 모양을 보고, 규칙을 찾아 다음에 올 모양과 개수를 예상하게 합니다.
2 삼각수의 규칙을 이해하고, 다양한 모양의 삼각수를 관찰하게 합니다.
3 사각수의 규칙을 이해하고, 다양한 모양의 사각수를 관찰하게 합니다.
4 일정한 규칙으로 늘어놓은 검은 돌과 흰 돌을 관찰하고, 개수의 차이를 구하게 합니다.

스토리 동기유발

만물의 근원을 '수'라고 생각한 피타고라스가 수에 의미를 담고, 여러 가지 모양으로 수를 표현했다는 이야기입니다. 수를 표현한 여러 가지 모양을 보고 규칙을 찾아 이야기해 볼 수 있습니다.

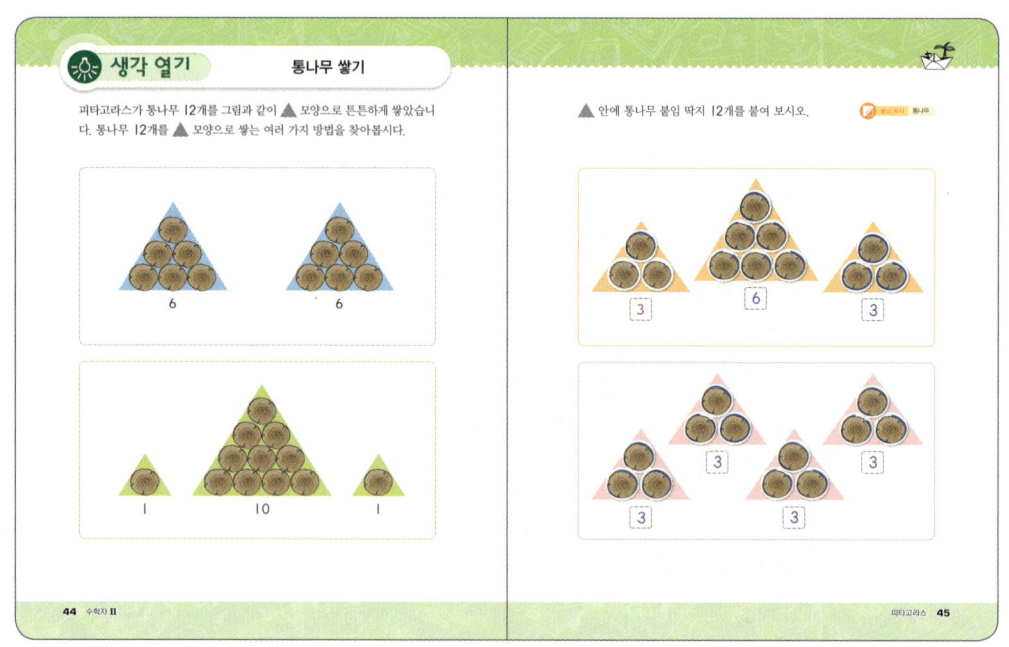

44 · 45

12개의 통나무를 다양한 크기의 △ 모양에 맞게 붙이면서 △ 모양으로 표현할 수 있는 수들을 살펴봅니다. △ 모양으로 쌓을 수 있는 통나무의 개수는 1, 3, 6, 10, … 으로 1부터 차례로 2, 3, 4, 5, …로 커지는 규칙이 있습니다.

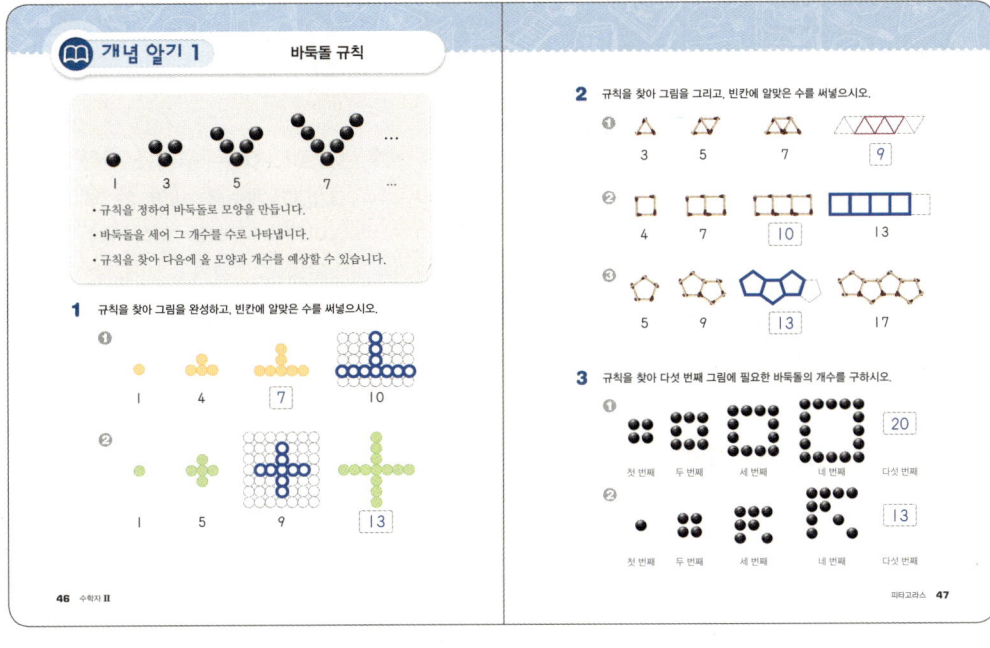

46 · 47

바둑돌 배열에서 변하는 규칙을 찾아 다음에 올 모양과 개수를 예상해 봅니다.

1 ⊥ 모양은 바둑돌의 개수가 3개씩 늘어나고, + 모양은 바둑돌의 개수가 4개씩 늘어납니다.

2 성냥개비로 △ 모양, □ 모양, ⬠ 모양을 만들어 이어 붙이고 있습니다. 차례로 2, 3, 4씩 늘어나는 규칙이 있습니다.

3 □ 모양은 바둑돌의 개수가 4개씩 늘어나고, ⊾ 모양은 바둑돌의 개수가 3개씩 늘어납니다.

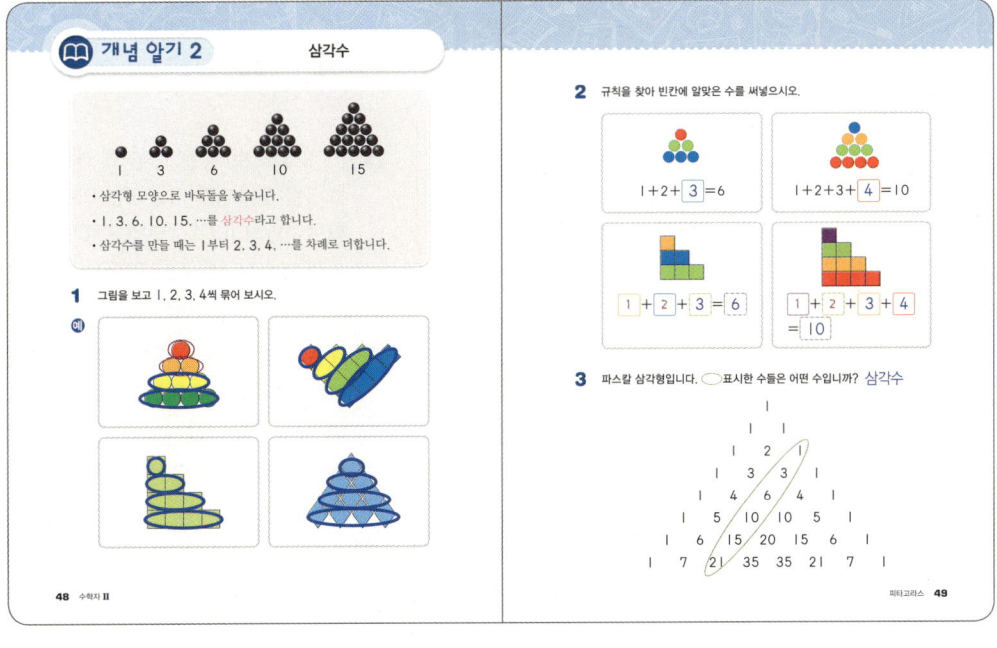

48 · 49

삼각수를 표현한 바둑돌 모양을 보고 바둑돌을 놓은 규칙을 찾아봅니다.

1 1, 2, 3, 4를 다양한 방법으로 묶어 보면서 삼각수 10(=1+2+3+4)을 표현하는 여러 가지 모양이 있다는 것을 알 수 있습니다.

2 색을 구분하여 나타낸 도형에서 개수가 몇 개씩 늘어나는지 관찰하여 문제를 해결해 봅니다. 1에 2, 3, 4를 순서대로 더하면 삼각수가 되는 것을 알 수 있습니다.

3 파스칼의 삼각형에서 표시한 수들은 1, 3, 6, 10, …으로 삼각수입니다.

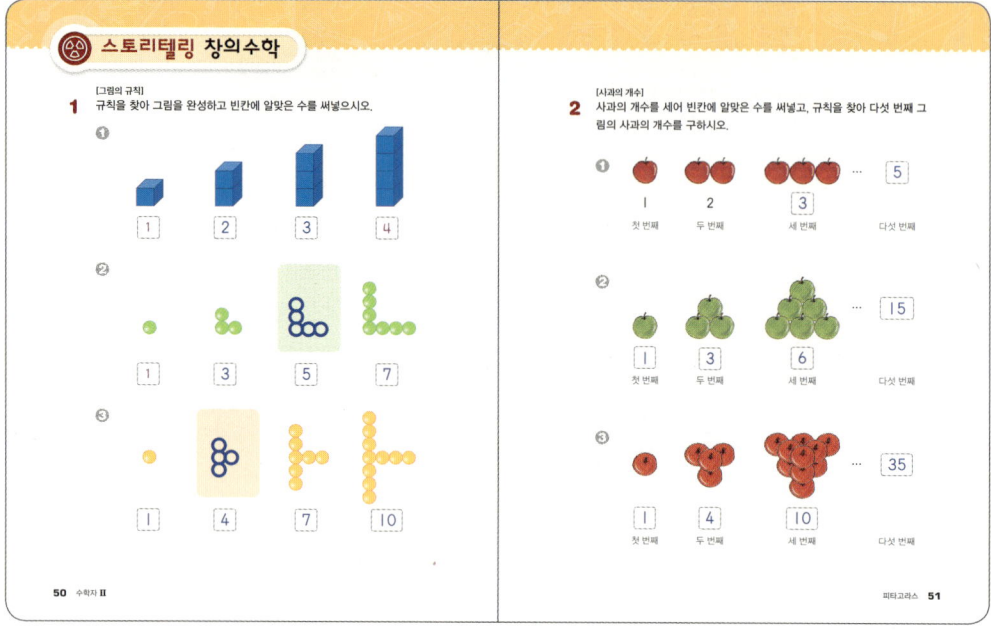

1 모양이 변하는 규칙을 찾아 그림을 그리고, 개수를 세어 쓴 후 개수가 많아지는 규칙을 이야기해 봅시다. ㅣ모양은 1개씩, ㄴ모양은 2개씩, ㅏ의 모양은 3개씩 많아지는 규칙이 있습니다.

2 규칙을 찾아 사과의 개수를 씁니다. 평면으로 늘어놓은 사과의 규칙을 활용하여 위로 쌓은 사과의 보이지 않는 부분의 개수도 예상해 볼 수 있습니다.

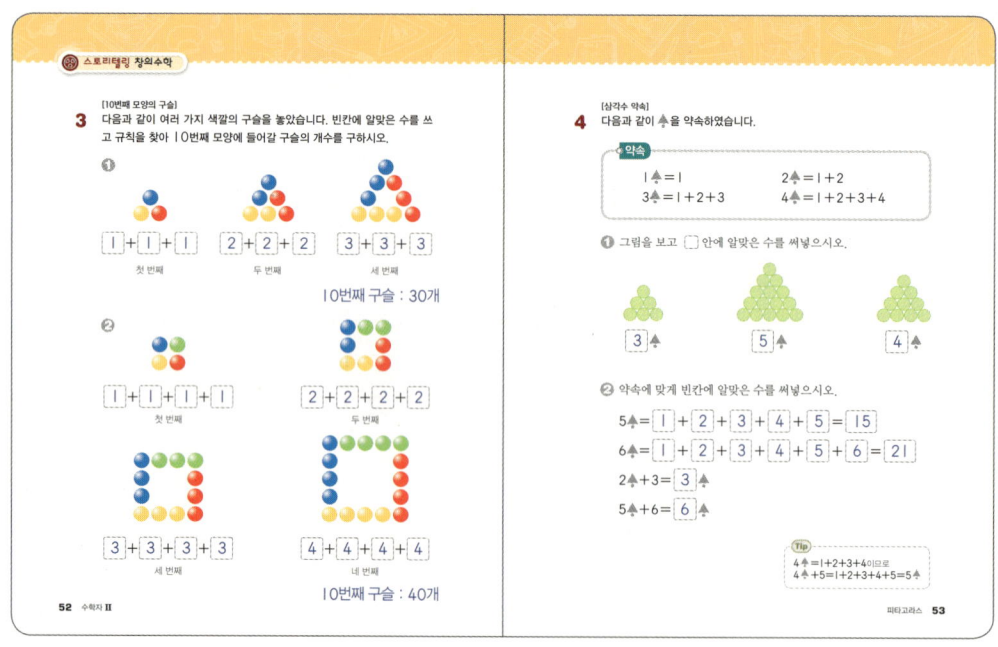

3 △ 모양으로 놓은 구슬의 개수는 1을 3번, 2를 3번, 3을 3번 더하여 구할 수 있습니다. □ 모양으로 놓은 구슬의 개수는 1을 4번, 2를 4번, 3을 4번, 4를 4번 더하여 구할 수 있습니다.

4 ♠는 1부터 특정 수까지의 합을 구하는 규칙입니다. 이 규칙을 이용하여 삼각수를 구할 수 있습니다. ♠의 규칙을 이해하여 식을 완성합니다.

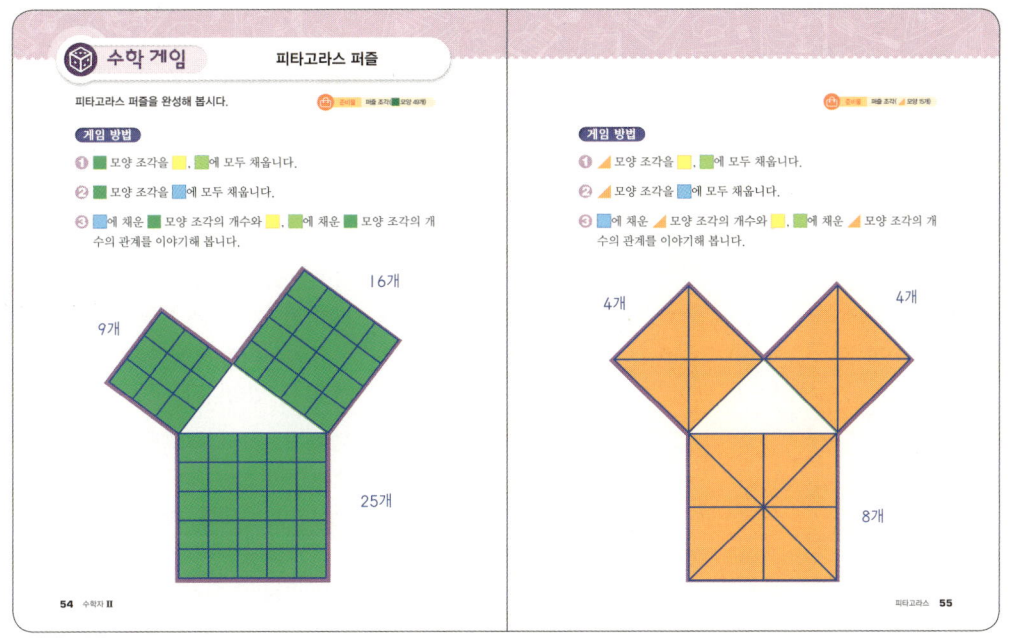

54 · 55

사용한 ■ 조각과 ◢ 조각의 개수를 세어 봅니다. ■를 모두 채우려면 ■를 채울 때 사용한 조각과 ■를 채울 때 사용한 조각을 모두 사용해야 한다는 것을 알 수 있습니다. ■는 ■+■와 같음을 이야기해 봅니다.

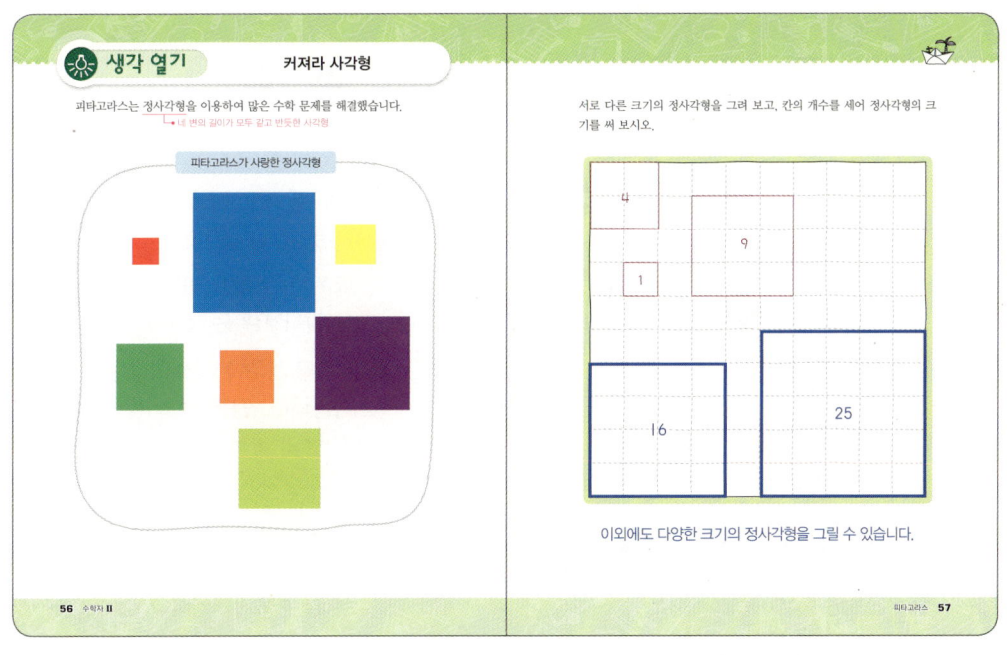

56 · 57

정사각형은 네 변의 길이가 같고, 네 각이 모두 직각인 사각형입니다. 정사각형을 설명해 줄 때는 '직각'이라는 표현 대신에 '반듯하다'라는 표현을 사용해 주세요. 네 변의 길이가 모두 같고 반듯한 사각형을 그릴 수 있게 도와줍니다. 그린 정사각형 위에 더 큰 정사각형을 그릴 수도 있습니다.

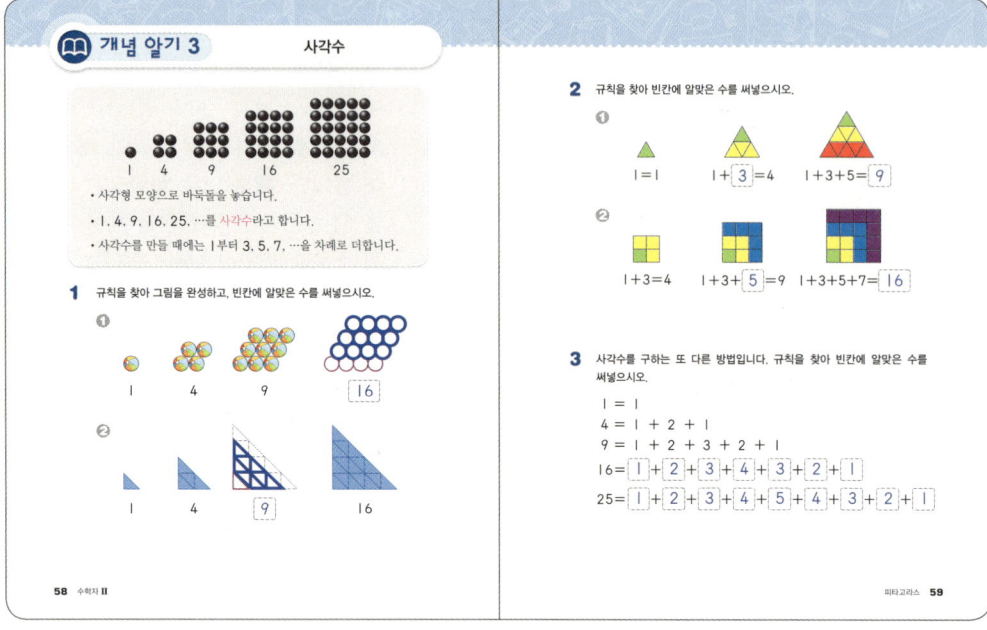

개념 알기 3　　사각수

• 사각형 모양으로 바둑돌을 놓습니다.
• 1, 4, 9, 16, 25, …를 사각수라고 합니다.
• 사각수를 만들 때에는 1부터 3, 5, 7, …을 차례로 더합니다.

1 규칙을 찾아 그림을 완성하고, 빈칸에 알맞은 수를 써넣으시오.
① 1　4　9　16
② 1　4　9　16

58 수학자 II

2 규칙을 찾아 빈칸에 알맞은 수를 써넣으시오.
① 1=1　　1+3=4　　1+3+5=9
② 1+3=4　　1+3+5=9　　1+3+5+7=16

3 사각수를 구하는 또 다른 방법입니다. 규칙을 찾아 빈칸에 알맞은 수를 써넣으시오.
1 = 1
4 = 1 + 2 + 1
9 = 1 + 2 + 3 + 2 + 1
16 = 1 + 2 + 3 + 4 + 3 + 2 + 1
25 = 1 + 2 + 3 + 4 + 5 + 4 + 3 + 2 + 1

피타고라스 59

58 · 59

사각수를 표현한 바둑돌 모양을 보고 바둑돌을 놓은 규칙을 찾아봅니다.

1 개수가 늘어나는 규칙을 찾아 다음에 올 모양과 개수를 예상해 볼 수 있습니다. ⬤과 ◣는 1, 4, 9, 16으로 개수가 늘어나는 규칙이 사각수와 같음을 알 수 있습니다.

2 색을 구분하여 나타낸 도형에서 같은 색에 주목하여 몇 개씩 늘어나는지 관찰하여 문제를 해결해 봅니다. 1에 3, 5, 7을 순서대로 더하면 사각수가 되는 것을 알 수 있습니다.

3 사각수를 구하는 또 다른 방법을 나타낸 것입니다. 규칙을 찾아 사각수의 덧셈식을 완성합니다.

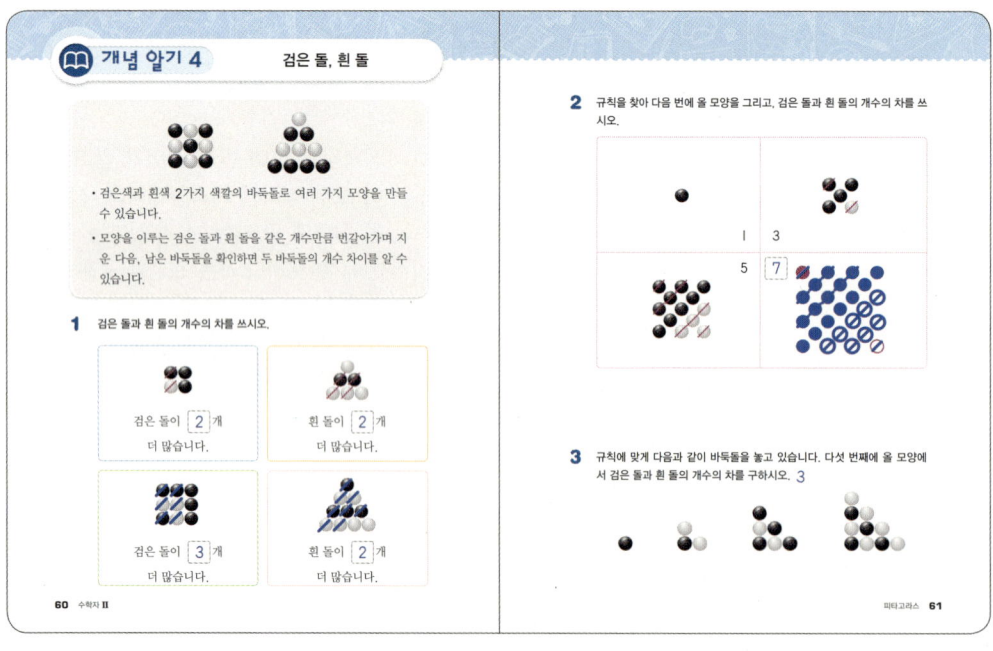

개념 알기 4　　검은 돌, 흰 돌

• 검은색과 흰색 2가지 색깔의 바둑돌로 여러 가지 모양을 만들 수 있습니다.
• 모양을 이루는 검은 돌과 흰 돌을 같은 개수만큼 번갈아가며 지운 다음, 남은 바둑돌을 확인하면 두 바둑돌의 개수 차이를 알 수 있습니다.

1 검은 돌과 흰 돌의 개수의 차를 쓰시오.
검은 돌이 2 개 더 많습니다.
흰 돌이 2 개 더 많습니다.
검은 돌이 3 개 더 많습니다.
흰 돌이 2 개 더 많습니다.

60 수학자 II

2 규칙을 찾아 다음 번에 올 모양을 그리고, 검은 돌과 흰 돌의 개수의 차를 쓰시오.
1　3
5　7

3 규칙에 맞게 다음과 같이 바둑돌을 놓고 있습니다. 다섯 번째에 올 모양에서 검은 돌과 흰 돌의 개수의 차를 구하시오. 3

피타고라스 61

60 · 61

검은 돌과 흰 돌이 늘어나는 규칙을 찾고, 어느 색 돌이 더 많은지 알아봅니다.

1 더 적은 개수의 바둑돌이 다 없어질 때까지 흰 돌을 하나 지우고 검은 돌을 하나 지우는 것을 반복합니다.

2 바둑돌의 개수가 늘어나는 규칙을 알아봅니다. 검은 돌과 흰 돌을 한 가지 색의 바둑돌만 남을 때까지 지우면 개수의 차이를 알 수 있습니다.

3 다섯 번째 모양을 그려 흰 돌과 검은 돌을 하나씩 지우면 남은 바둑돌은 검은 돌 3개입니다.

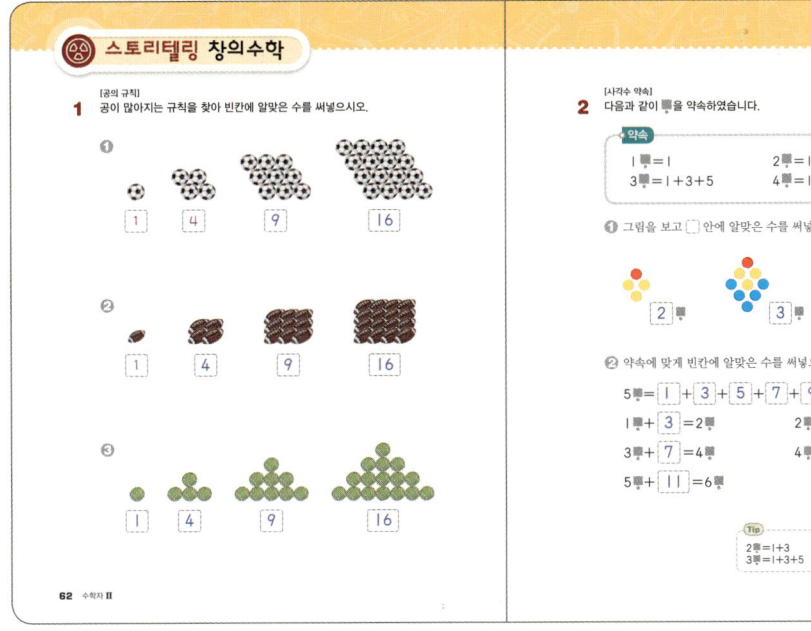

62 · 63

1 여러 가지 모양으로 표현된 사각수를 관찰해 봅니다. 세 공이 모두 3개, 5개, 7개가 늘어나고 있습니다.

2 ▩는 1부터 차례로 홀수의 합을 구하는 규칙입니다. 이 규칙을 이용하여 사각수를 구할 수 있습니다. ▩의 규칙을 이해하여 식을 완성합니다.

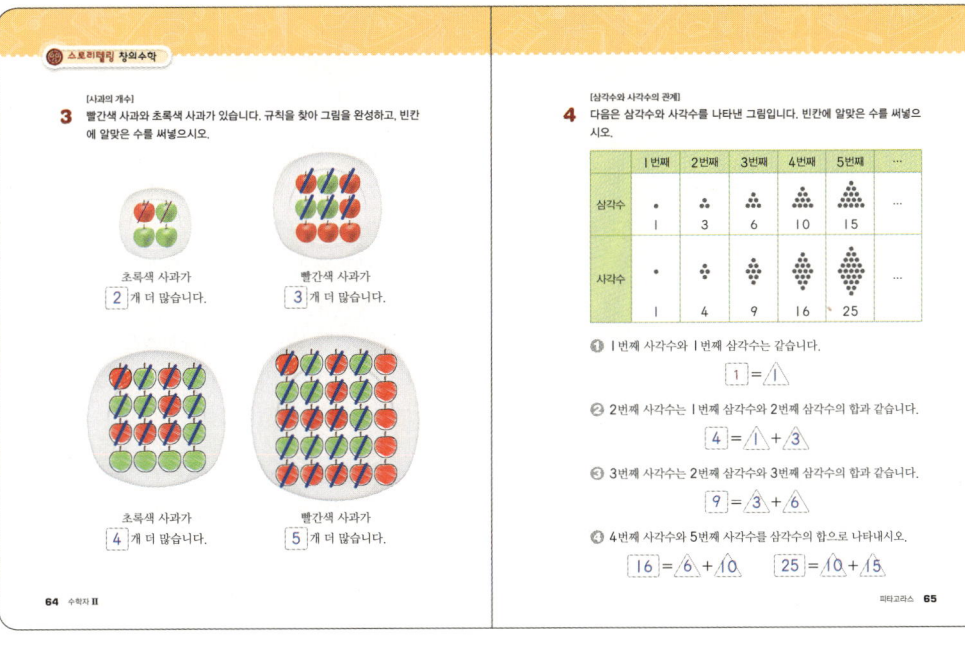

64 · 65

3 ㄴ 모양으로 빨간색 사과와 초록색 사과를 번갈아 가며 나열하고 있습니다. 두 종류의 사과를 나열한 규칙을 찾고, 한 가지 색의 사과가 남을 때까지 차례로 지워 차를 구합니다.

4 삼각수와 사각수의 관계를 이용하여 사각수를 삼각수의 합으로 나타내어 봅니다.

⚙ 단원소개

피보나치의 저서 〈산반서〉에 나오는 토끼 문제를 살펴보고, 수열의 의미와 피보나치 수열을 이해할 수 있습니다. 일정한 규칙으로 나열된 수들을 관찰하고, 규칙을 찾아 문제를 해결할 수 있습니다. 또, 1과 2로 목표수를 만드는 방법의 가짓수를 모두 찾을 수 있습니다.

⚙ 학습목표

1 수가 나열된 규칙을 찾고, 피보나치 수열의 특징을 이용하여 문제를 해결하게 합니다.
2 삼각형과 사각형을 이용하여 피보나치 수열을 표현하게 합니다.
3 1과 2를 이용하여 목표수를 만드는 방법의 가짓수를 모두 찾게 합니다.
4 계단 오르기 문제를 통해 1과 2의 합으로 수를 만드는 방법의 가짓수를 모두 찾게 합니다.

⚙ 스토리 동기유발

수학자 피보나치가 어려서부터 숫자를 좋아했고, 로마 숫자를 사용하던 유럽에 아라비아 숫자를 소개하는 책을 쓰게 되었다는 것을 이야기하는 내용입니다. 주변의 사물을 관찰하여 아라비아 숫자로 표현해 볼 수 있습니다.

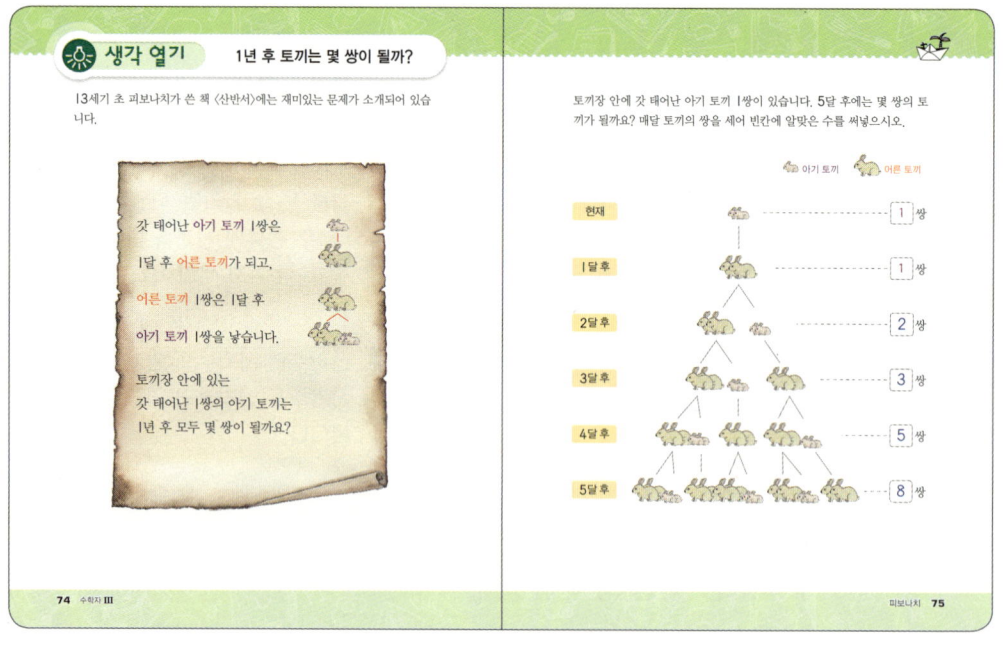

74 · 75

아기 토끼가 어른 토끼가 되고, 어른 토끼가 번식하는 과정에서 토끼의 수가 늘어나는 규칙을 찾을 수 있습니다.
5달 후 토끼장 안의 토끼의 수는 3달 후와 4달 후의 토끼의 수의 합과 같습니다. 토끼의 마리수가 아닌 쌍으로 구해야 하는 것에 주의합니다. 1년 후, 토끼는 모두 몇 쌍이 될지 예상해 봅니다.

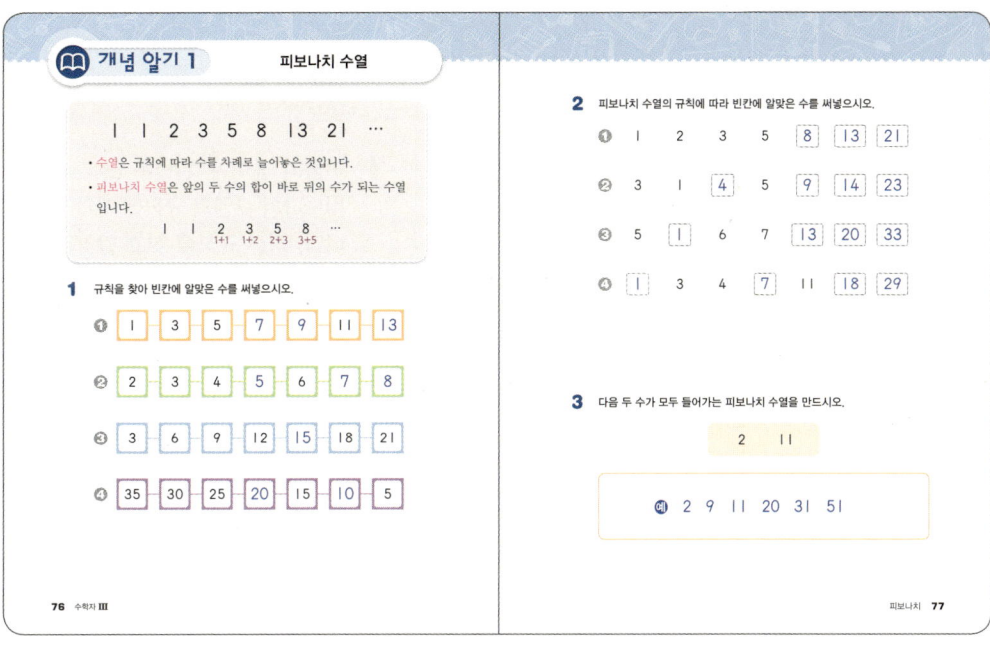

수열의 의미를 이해하고, 수가 나열된 규칙을 찾아 빈칸을 채워 봅니다.

1 수가 일정하게 커지는 규칙입니다. 쓰여진 수를 관찰하여 이웃한 두 수의 차이를 예상하고 빈칸을 채워 봅니다.

2 앞의 두 수를 더하는 피보나치 수열의 규칙에 따라 빈칸을 채웁니다.

3 주어진 수가 모두 들어가는 피보나치 수열은 두 수 사이에 다른 수가 들어가는 경우와 두 수가 연달아 나오는 경우로 나누어 생각하여 만들 수 있습니다.

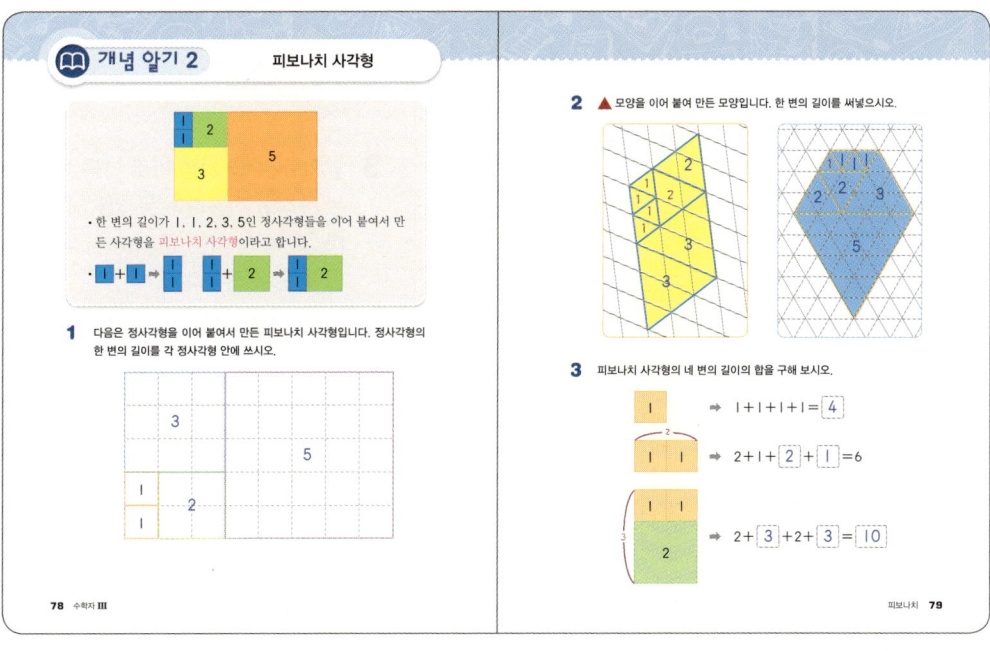

도형의 한 변의 길이가 피보나치 수열의 규칙을 따릅니다.

1 가장 작은 정사각형의 한 변의 길이를 이용하여 나머지 사각형들의 변의 길이를 구할 수 있습니다.

2 가장 작은 삼각형의 한 변의 길이를 이용하여 나머지 삼각형의 한 변의 길이를 구할 수 있습니다.

3 피보나치 사각형의 규칙을 이용하여 새로 만들어진 사각형의 한 변의 길이를 구합니다. 구해진 네 변의 길이의 합을 구합니다.

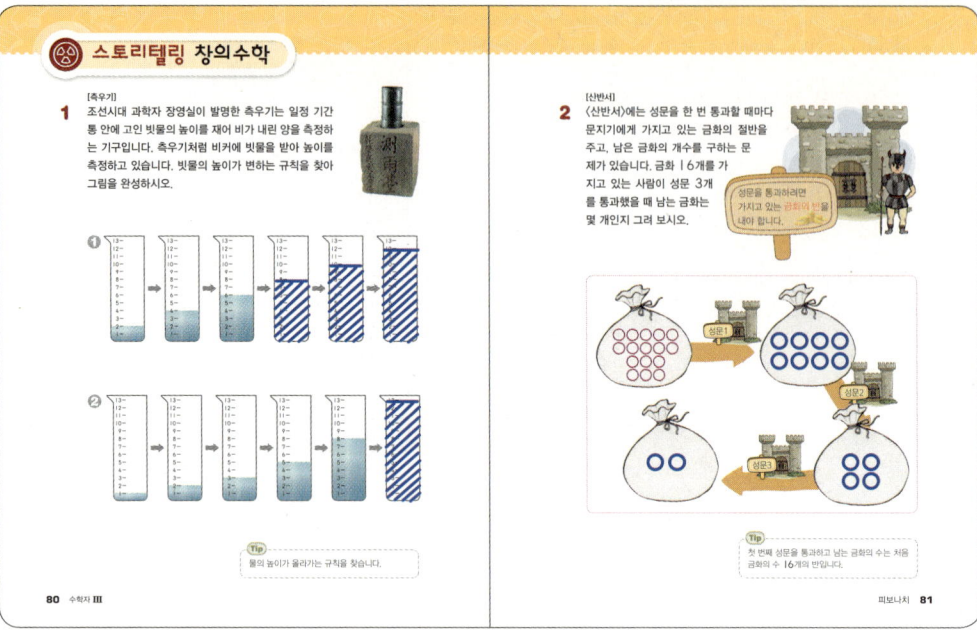

1 빗물의 높이가 ❶번은 2씩, ❷번은 피보나치 수열의 규칙에 따라 늘어납니다. 직접 규칙을 찾고 알맞은 눈금에 맞춰 그림을 완성하게 합니다.

2 금화의 수가 절반씩 줄어드는 규칙을 이용하여 문제를 해결합니다. 둘이 똑같이 나누어 가져야 하는 상황을 이용하여 절반의 의미를 알려줍니다.

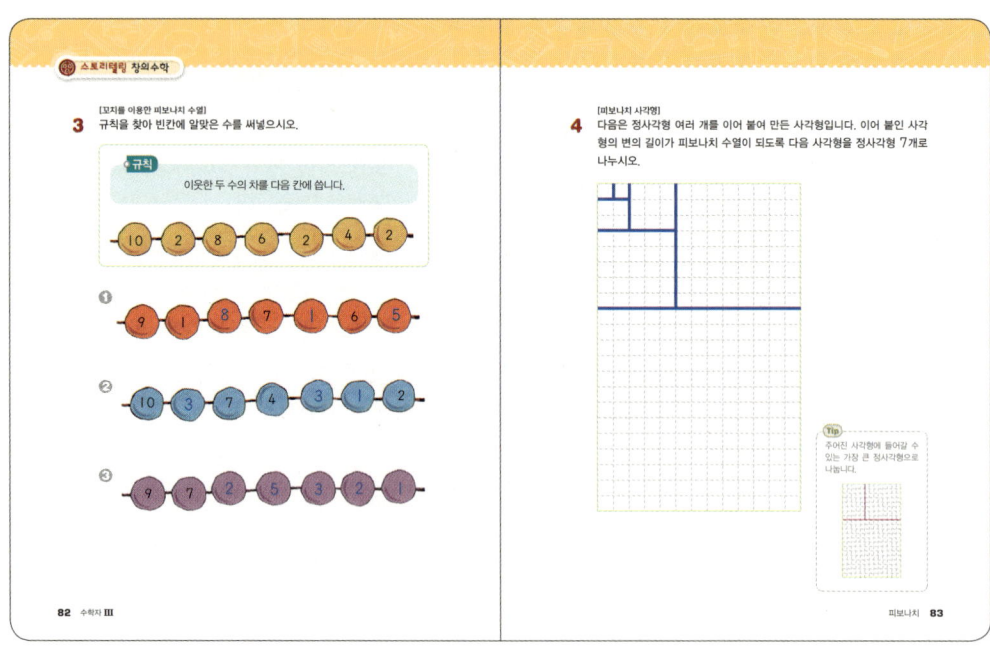

3 앞의 두 수의 차를 바로 다음 칸에 쓰는 규칙을 이용하여 문제를 해결합니다. 두 수의 차는 큰 수에서 작은 수를 빼는 것입니다.

4 정사각형을 이어 붙여 피보나치 사각형을 만드는 과정을 거꾸로 해 보는 것입니다. 사각형에 들어갈 수 있는 가장 큰 정사각형으로 나누어 가면 주어진 사각형은 정사각형 7개를 이어 붙여 만든 피보나치 사각형이 됩니다.

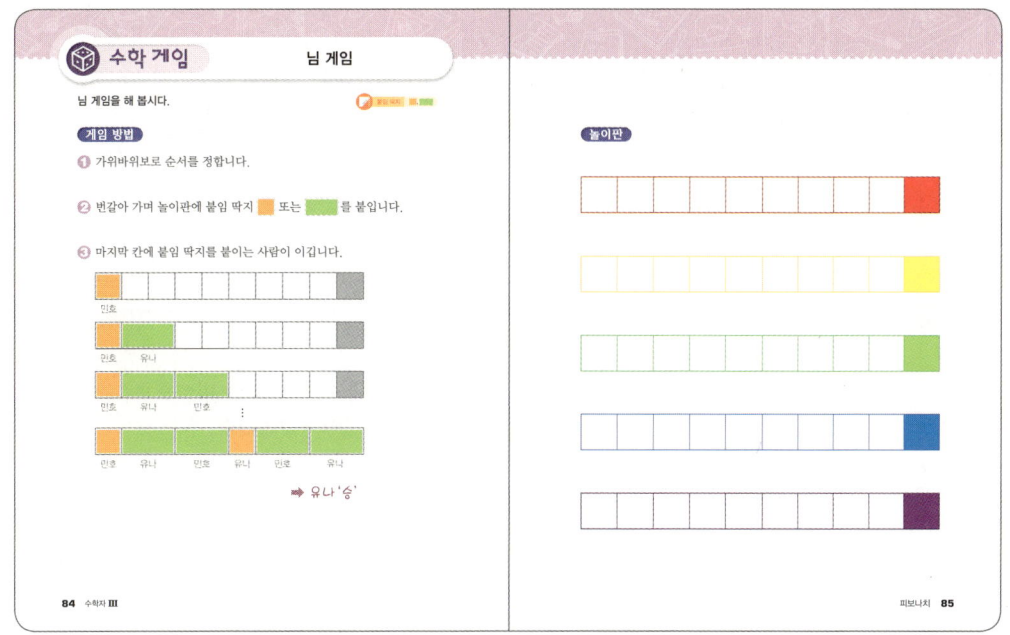

84 · 85

님 게임에는 반드시 이길 수 있는 방법이 있습니다. 반복하여 게임을 해 보고 규칙을 찾아 승리 전략을 알아봅니다. 10칸짜리 님 게임에서 이기려면 먼저 시작해야 하고, 붙임 딱지가 1번째, 4번째, 7번째, 10번째 칸에서 끝나도록 붙여야 합니다.

칸의 개수를 더 늘려서 게임을 해 볼 수 있습니다.

86 · 87

벽면에 도미노 모양의 타일을 붙이는 방법을 모두 찾아봅니다. 타일은 가로와 세로 두 방향으로만 놓을 수 있습니다. 아이가 어려워하는 경우, 종이로 도미노 타일을 만들어 타일을 직접 놓아 보며 여러 가지 방법을 찾을 수 있게 합니다. 더 큰 벽면에 타일을 붙이는 방법의 수를 예상해 봅니다.

개념 알기 3　　목표수

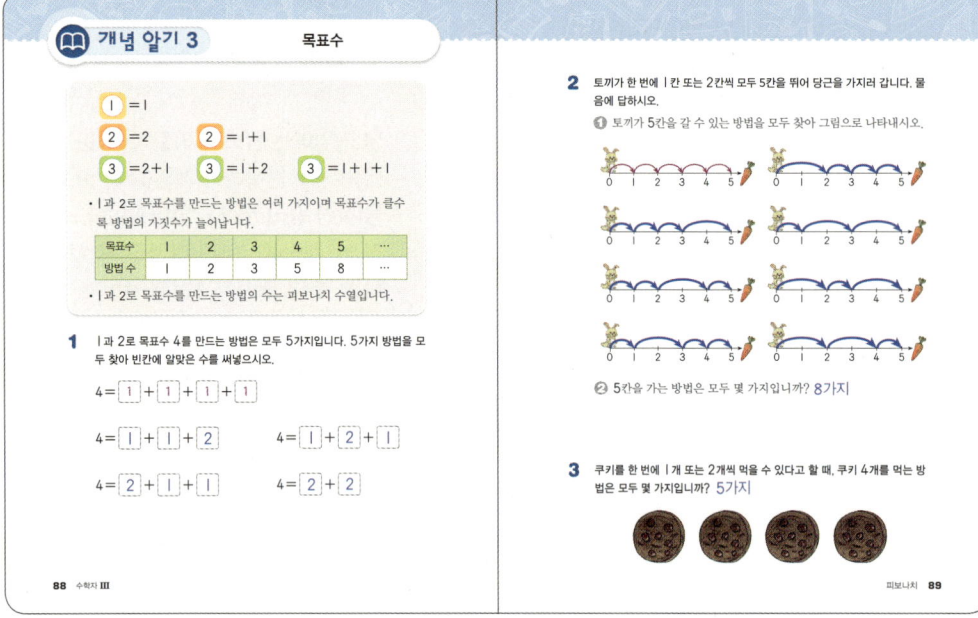

목표수	1	2	3	4	5	⋯
방법수	1	2	3	5	8	⋯

・1과 2로 목표수를 만드는 방법은 여러 가지이며 목표수가 클수록 방법의 가짓수가 늘어납니다.

・1과 2로 목표수를 만드는 방법의 수는 피보나치 수열입니다.

1 1과 2로 목표수 4를 만드는 방법은 모두 5가지입니다. 5가지 방법을 모두 찾아 빈칸에 알맞은 수를 써넣으시오.

4 = [1] + [1] + [1] + [1]

4 = [1] + [1] + [2]　　　4 = [1] + [2] + [1]

4 = [2] + [1] + [1]　　　4 = [2] + [2]

2 토끼가 한 번에 1칸 또는 2칸씩 모두 5칸을 뛰어 당근을 가지러 갑니다. 물음에 답하시오.

❶ 토끼가 5칸을 갈 수 있는 방법을 모두 찾아 그림으로 나타내시오.

❷ 5칸을 가는 방법은 모두 몇 가지입니까? 8가지

3 쿠키를 한 번에 1개 또는 2개씩 먹을 수 있다고 할 때, 쿠키 4개를 먹는 방법은 모두 몇 가지입니까? 5가지

88 · 89

1과 2로 목표수를 만드는 방법을 찾고, 방법의 가짓수를 세어 보면 피보나치 수열이라는 것을 알 수 있습니다.

1 1과 2로 목표수 4를 만드는 방법은 1만 사용하여 만드는 방법, 1과 2를 모두 사용하여 만드는 방법, 2만 사용하여 만드는 방법으로 나누어 생각할 수 있습니다.

2 1과 2를 사용하여 5를 만드는 방법은 8가지입니다. 더하는 순서가 다르면 서로 다른 방법임에 주의합니다.

3 쿠키 4개를 1개 또는 2개씩 먹는 방법은 1과 2로 목표수 4를 만드는 방법과 같습니다.

개념 알기 4　　계단 오르기

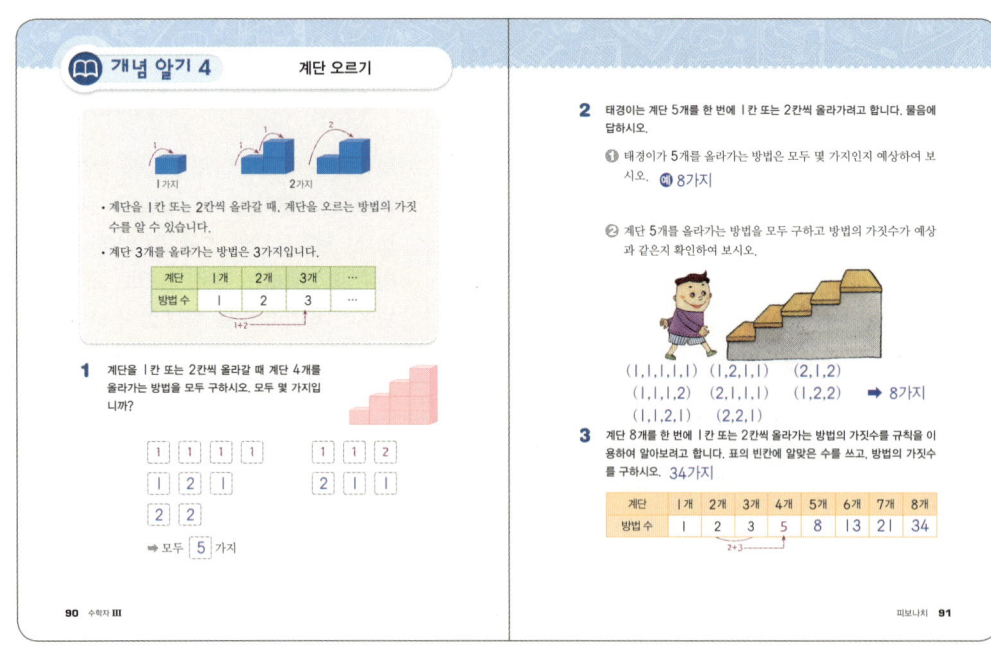

・계단을 1칸 또는 2칸씩 올라갈 때, 계단을 오르는 방법의 가짓수를 알 수 있습니다.

・계단 3개를 올라가는 방법은 3가지입니다.

계단	1개	2개	3개	⋯
방법 수	1	2	3	⋯

1+2 →

1 계단을 1칸 또는 2칸씩 올라갈 때 계단 4개를 올라가는 방법을 모두 구하시오. 모두 몇 가지입니까?

[1] [1] [1] [1]　　　[1] [1] [2]

[1] [2] [1]　　　[2] [1] [1]

[2] [2]

➡ 모두 [5] 가지

2 태경이는 계단 5개를 한 번에 1칸 또는 2칸씩 올라가려고 합니다. 물음에 답하시오.

❶ 태경이가 5개를 올라가는 방법은 모두 몇 가지인지 예상하여 보시오. 예 8가지

❷ 계단 5개를 올라가는 방법을 모두 구하고 방법의 가짓수가 예상과 같은지 확인하여 보시오.

(1,1,1,1,1) (1,2,1,1) (2,1,1,2)

(1,1,1,2) (2,1,1,1) (1,2,2) ➡ 8가지

(1,1,2,1) (2,2,1)

3 계단 8개를 한 번에 1칸 또는 2칸씩 올라가는 방법의 가짓수를 규칙을 이용하여 알아보려고 합니다. 표의 빈칸에 알맞은 수를 쓰고, 방법의 가짓수를 구하시오. 34가지

계단	1개	2개	3개	4개	5개	6개	7개	8개
방법 수	1	2	3	5	8	13	21	34

2+3 →

90 · 91

계단을 1칸 또는 2칸씩 올라갈 수 있을 때, 계단을 오르는 방법의 가짓수를 알아봅니다.

1 4개의 계단을 올라가는 방법은 (1칸, 1칸, 1칸, 1칸), (1칸, 1칸, 2칸), (1칸, 2칸, 1칸), (2칸, 1칸, 1칸), (2칸, 2칸)으로 5가지입니다.

2 5개의 계단을 올라가는 방법의 가짓수를 예상하고 확인해 봅니다.

3 계단 8개를 올라가는 방법의 수를 피보나치 수열의 규칙을 이용하여 구할 수 있습니다. 수열의 규칙을 이용하여 표의 빈칸을 모두 채우고 계단 8개를 올라가는 방법의 수를 구합니다.

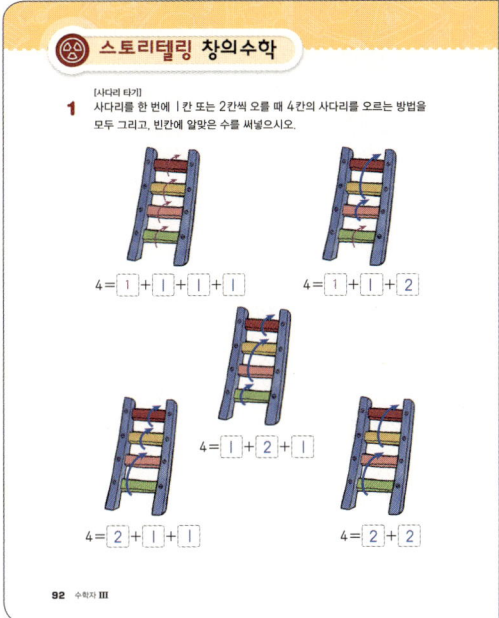

스토리텔링 창의수학

[사다리 타기]

1 사다리를 한 번에 1칸 또는 2칸씩 오를 때 4칸의 사다리를 오르는 방법을 모두 그리고, 빈칸에 알맞은 수를 써넣으시오.

$4 = 1 + 1 + 1 + 1$ $4 = 1 + 1 + 2$

$4 = 1 + 2 + 1$

$4 = 2 + 1 + 1$ $4 = 2 + 2$

92 수학자 III

[자판기와 콜라]

2 자판기에는 동전을 한 번에 1개씩만 넣을 수 있습니다. 1센트와 2센트 동전으로 5센트짜리 콜라 1병을 사려고 할 때 동전을 넣을 수 있는 방법을 모두 찾아 그림으로 나타내시오.

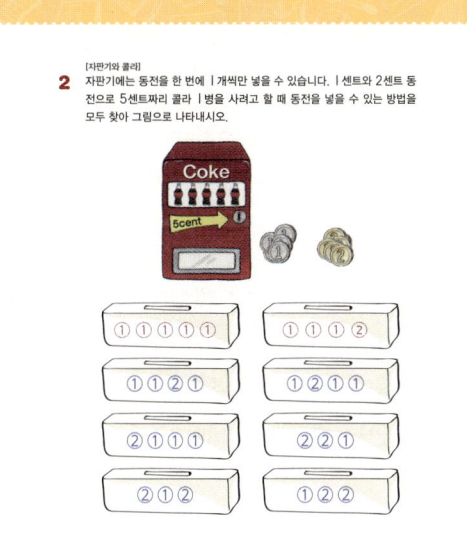

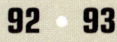

피보나치 93

92·93

1 1과 2를 사용하여 4를 만드는 방법은 5가지입니다. 사다리를 오르는 방법을 그림으로 그리며 식을 완성해 봅니다. 칸의 개수가 5개인 사다리를 올라가는 문제를 만들어 해결해 볼 수도 있습니다.

2 1과 2를 사용하여 5를 만드는 방법은 8가지입니다. 콜라의 가격을 바꾸어 동전을 넣는 문제를 만들어 해결해 볼 수도 있습니다.

스토리텔링 창의수학

[목표수]

3 다음 숫자 카드를 이용하여 계산 결과가 4인 덧셈식을 만들려고 합니다. 만들 수 있는 방법을 모두 찾아 빈칸에 알맞은 수를 써넣으시오.

1 2 3

$1 + 1 + 1 + 1 = 4$

$1 + 1 + 2 = 4$

$1 + 2 + 1 = 4$

$2 + 1 + 1 = 4$

$2 + 2 = 4$

$1 + 3 = 4$

$3 + 1 = 4$

94 수학자 III

[모스부호]

4 모스부호(Morse Code)는 1838년 모스에 의해 발명된 전신부호입니다. 두 가지 모스부호 ■ 와 ■■■ 를 사용하여 영어 알파벳과 수를 표현할 수 있습니다.

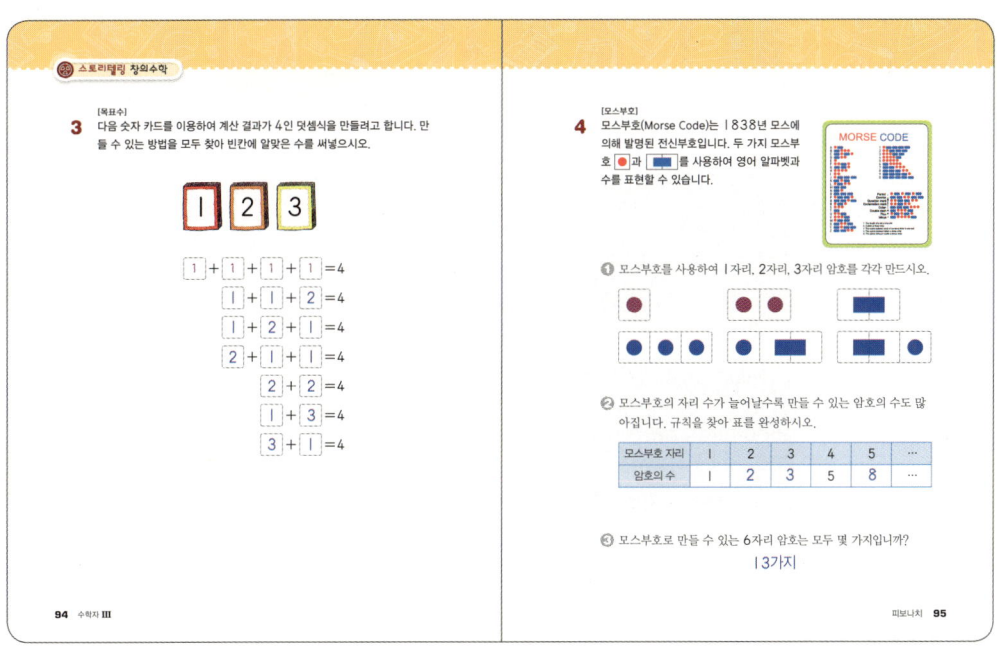

❶ 모스부호를 사용하여 1자리, 2자리, 3자리 암호를 각각 만드시오.

❷ 모스부호의 자리 수가 늘어날수록 만들 수 있는 암호의 수도 많아집니다. 규칙을 찾아 표를 완성하시오.

모스부호 자리	1	2	3	4	5	...
암호의 수	1	2	3	5	8	...

❸ 모스부호로 만들 수 있는 6자리 암호는 모두 몇 가지입니까?
13가지

피보나치 95

94·95

3 1과 2로 4를 만드는 방법을 모두 쓴 후, 3을 사용하여 4를 만들어 봅니다. (1, 3), (3, 1)이 추가되어 1, 2, 3을 사용하여 4를 만드는 방법은 7가지입니다.

4 표를 이용하여 각 자리 수에 맞는 모스부호를 만드는 방법이 피보나치 수열의 규칙에 따라 늘어난다는 것을 알 수 있습니다. 피보나치 수열의 규칙에 따라 6자리 모스부호는 모두 몇 가지인지 알아봅니다.

IV 가우스

⊗ 단원소개

일정한 규칙으로 반복하는 자연수의 합을 구하는 여러 가지 방법을 알아봅니다. 짝수 개의 자연수의 합과 홀수 개의 자연수의 합을 구하는 방법을 이해하고, 이를 이용하여 각 줄에 놓인 세 수의 합을 같게 만들 수 있습니다.

⊗ 학습목표

1 네 수들의 합을 합이 같은 두 수끼리 짝을 지어 계산하게 합니다.
2 홀수 개의 수들의 합은 가운데 수를 수의 개수만큼 더하여 계산하게 합니다.
3 합이 같은 두 수를 활용하여 각 줄에 놓인 세 수의 합을 모두 같게 만들 수 있습니다.
4 각 줄에 놓인 세 수의 합을 같게 만들 수 있습니다.

⊗ 스토리 동기유발

어려서부터 수학을 좋아하고 계산이 빨랐던 가우스가 수학과 과학 분야에 많은 업적을 남겼다는 이야기입니다. 아이와 함께 가우스처럼 수학 일기장을 만들어 수학과 관련된 활동을 기록해 볼 수 있습니다.

104 · 105

연속하는 자연수의 합을 직접 계산해 보면서 가우스가 계산한 방법을 예상해 볼 수 있습니다. 앞에서부터 차례대로 더해도 되지만, 창의적인 방법을 찾을 수 있게 도와줍니다. 아이가 1부터 9까지의 합을 계산하는 것을 어려워 할 경우, 뒤의 내용을 먼저 학습한 후 다시 해결해 보도록 합니다.

📖 개념 알기 1   가우스 계산법

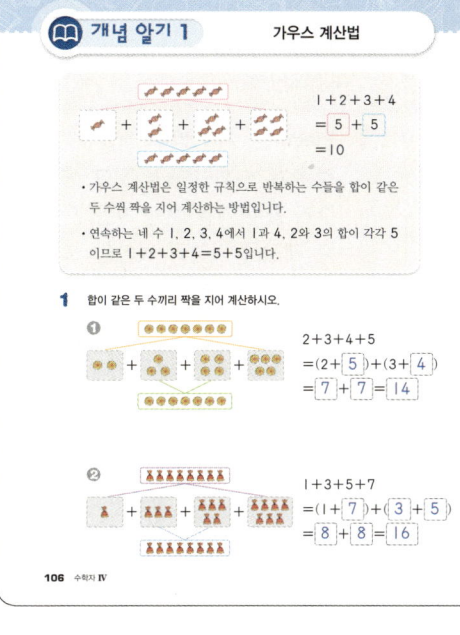

$1+2+3+4$
$=5+5$
$=10$

- 가우스 계산법은 일정한 규칙으로 반복하는 수들을 합이 같은 두 수씩 짝을 지어 계산하는 방법입니다.
- 연속하는 네 수 1, 2, 3, 4에서 1과 4, 2와 3의 합이 각각 5이므로 $1+2+3+4=5+5$입니다.

1 합이 같은 두 수끼리 짝을 지어 계산하시오.

① $2+3+4+5$
$=(2+\boxed{5})+(3+\boxed{4})$
$=\boxed{7}+\boxed{7}=\boxed{14}$

② $1+3+5+7$
$=(1+\boxed{7})+(\boxed{3}+\boxed{5})$
$=\boxed{8}+\boxed{8}=\boxed{16}$

2 합이 같은 두 수끼리 짝을 지어 계산하시오.

① $4+5+6+7$
$=\boxed{11}+\boxed{11}$
$=\boxed{22}$

② $6+7+8+9$
$=\boxed{15}+\boxed{15}$
$=\boxed{30}$

③ $9+10+11+12$
$=\boxed{21}+\boxed{21}$
$=\boxed{42}$

④ $11+12+13+14$
$=\boxed{25}+\boxed{25}$
$=\boxed{50}$

3 다음 덧셈을 간단하게 하려고 합니다. 물음에 답하시오.

$$1+2+3+4+5+6+7+8+9+10$$

① 가장 작은 수와 가장 큰 수의 합을 ■라 합니다. ■를 구하시오.   11

② 합이 ■인 두 수를 모두 찾아 서로 짝 지으시오.

③ 덧셈식의 계산 결과를 구하시오. 55

106 수학자 IV   가우스 107

106 · 107

합이 같은 두 수끼리 짝을 짓는 방법을 이용하여 네 수의 합을 구해 봅니다.

1 첫 번째는 두 수의 합이 7, 두 번째는 두 수의 합이 8이 되도록 짝을 짓고, 빈 칸을 채워 식을 완성합니다.

2 연속하는 네 수에서 양 끝의 두 수의 합과 가운데 두 수의 합이 같음을 알 수 있습니다.

3 두 수의 합이 모두 11이 되도록 짝을 짓습니다. 1부터 10까지의 합은 11을 모두 5번 더한 것과 같으므로 55임을 알 수 있습니다.

📖 개념 알기 2   중앙수 계산법

$1+2+3$
$=2+2+2$
$=6$

- 중앙수 계산법은 일정한 규칙으로 반복하는 홀수 개의 수의 합을 구할 때 중앙수를 수의 개수만큼 더하는 방법입니다.
- 연속하는 세 수의 합은 중앙수를 3번 더한 것과 같습니다.
$1+2+3=2+2+2=6$

1 1부터 5까지의 수의 합을 구하려고 합니다. 그림을 완성하고, 빈칸에 알맞은 수를 써넣으시오.

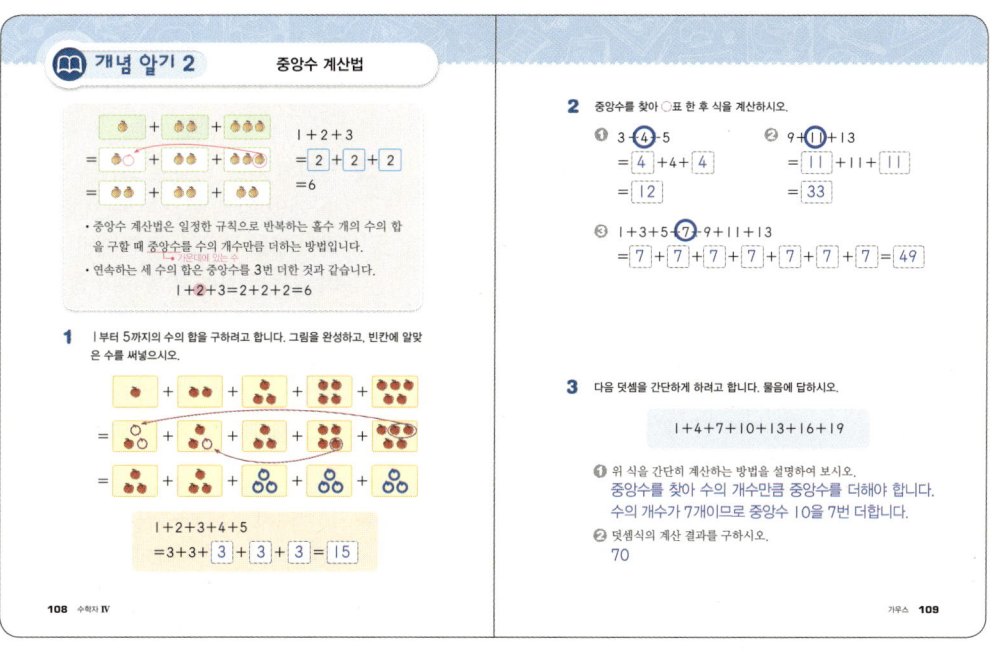

$1+2+3+4+5$
$=3+3+\boxed{3}+\boxed{3}+\boxed{3}=\boxed{15}$

2 중앙수를 찾아 ○표 한 후 식을 계산하시오.

① $3+④+5$
$=\boxed{4}+4+\boxed{4}$
$=\boxed{12}$

② $9+⑪+13$
$=\boxed{11}+11+\boxed{11}$
$=\boxed{33}$

③ $1+3+5+⑦+9+11+13$
$=\boxed{7}+\boxed{7}+\boxed{7}+\boxed{7}+\boxed{7}+\boxed{7}+\boxed{7}=\boxed{49}$

3 다음 덧셈을 간단하게 하려고 합니다. 물음에 답하시오.

$$1+4+7+10+13+16+19$$

① 위 식을 간단히 계산하는 방법을 설명하여 보시오.
중앙수를 찾아 수의 개수만큼 중앙수를 더해야 합니다. 수의 개수가 7개이므로 중앙수 10을 7번 더합니다.

② 덧셈식의 계산 결과를 구하시오.
70

108 수학자 IV   가우스 109

108 · 109

가운데 수를 홀수 번 더하는 방법을 이용하여 구해 봅니다.

1 1부터 5까지의 수를 모두 가운데 수인 3으로 만들어 계산할 수 있습니다. 1부터 5까지의 합은 3을 5번 더한 것과 같습니다.

2 주어진 식에서 가운데 수를 찾고 가운데 수를 더하는 수의 개수만큼 더합니다.

3 중앙수가 10이고, 더하는 수의 개수가 7개이므로 10을 7번 더한 것과 같습니다.

스토리텔링 창의수학

1 [도형수]
연속하는 수들의 합을 구하는 과정입니다. 같은 모양은 같은 숫자를 나타낸다고 할 때, 도형이 나타내는 수가 같은 식끼리 짝을 지으시오.

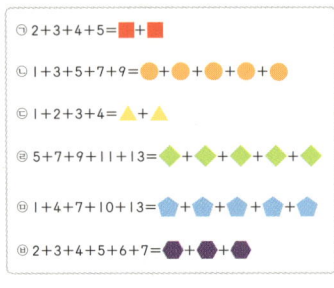

ㄱ 2+3+4+5=■+■

ㄴ 1+3+5+7+9=●+●+●+●+●

ㄷ 1+2+3+4=▲+▲

ㄹ 5+7+9+11+13=◆+◆+◆+◆+◆

ㅁ 1+4+7+10+13=⬠+⬠+⬠+⬠+⬠

ㅂ 2+3+4+5+6+7=⬡+⬡+⬡

(ㄱ , ㅂ), (ㄴ , ㄷ), (ㄹ , ㅁ)

---

2 [시계]
시계에 있는 1부터 12까지의 수의 합을 구하려고 합니다. 합이 모두 같도록 두 수씩 짝을 지어 보고, 빈칸에 알맞은 수를 써넣으시오.

13 + 13 + 13 + 13 + 13 + 13 = 78

---

110 · 111

1 연속하는 수가 짝수 개일 때는 합이 같은 두 수끼리 짝을 짓고, 연속하는 수가 홀수 개일 때는 가운데 수를 홀수 개만큼 더하여 계산합니다. 각각 계산하기 위해 만드는 수를 구할 수 있습니다.

2 시계에 쓰여진 수들의 합은 두 수의 합이 13이 되도록 짝을 지어 문제를 해결할 수 있습니다. 13을 6번 더하는 계산을 어려워할 수 있으니 도와줍니다. 주변에서 찾을 수 있는 소재인 전화기 버튼, 엘리베이터 버튼 등으로도 계산해 봅니다.

스토리텔링 창의수학

3 [달력]
달력을 보고 물음에 답하시오.

❶ 중앙수를 이용하여 □와 □ 안에 있는 세 수의 합을 각각 구하시오.

9+10+11= 10 +10+ 10 = 30

▶ 3+10+17= 10 +10+ 10 = 30

❷ 달력에서 이웃한 칸에 쓰여 있는 세 수의 합이 66이 되는 곳을 찾아 모두 표시하고, 다음 식을 완성하시오.

66=22+22+22= 21 +22+ 23

66= 22 +22+22= 15 +22+ 29

❸ 같은 요일에 있는 모든 수들의 합이 62입니다. 무슨 요일입니까? 금요일

---

4 [문장제]
문제를 읽고 답을 구하시오.

❶ 엄마가 태경이와 형, 동생에게 사탕 15개를 나누어 주었습니다. 형에게는 태경이에게 준 사탕보다 2개 더 많이, 동생에게는 태경이에게 준 사탕보다 2개 더 적게 주었다면 태경이가 받은 사탕은 몇 개입니까? 5개

❷ 다예는 월요일에 줄넘기를 10번 하였습니다. 매일 줄넘기 횟수를 3번씩 늘린다면, 다예는 월요일부터 토요일까지 줄넘기를 모두 몇 번 하겠습니까? 105번

❸ 진세는 월요일부터 일요일까지 매일 4장씩 문제집을 푼다. 하제는 월요일에는 1장을 풀고 매일 1장씩 더 풀어 일요일에는 7장을 푼다. 진세와 하제는 일주일 동안 문제집을 몇 장씩 푸는지 각각 구하시오. 28장, 28장

❹ 할아버지 댁에 있는 시계는 정각에 종이 울려 시각을 알려줍니다. 1시에는 1번, 2시에는 2번이 울리는 시계가 하루 동안 울린 횟수는 모두 몇 번입니까? (단, 오전 1시와 오후 1시에 울리는 횟수는 같습니다.) 156번

---

112 · 113

3 달력에 가로, 세로로 쓰인 수들이 홀수 개인 경우 중앙수 계산법을 이용하여 합을 구하고, 짝수 개인 경우 합이 같은 두 수씩 짝을 지어 합을 구합니다. 세 수의 합이 나온 경우 합을 똑같은 세 수로 나누어 보면 중앙수를 알 수 있으므로 중앙수를 이용하여 합을 구한 세 수를 알아낼 수 있습니다.

4 문장에서 문제 해결에 필요한 조건을 찾아 답을 구합니다. 더하는 수의 개수가 홀수인지 짝수인지를 찾아 덧셈을 하는 방법을 결정하여 해결합니다.

114 · 115

주어진 숫자 카드를 합이 같게 짝 짓는 게임입니다. 반복하여 게임을 해 보고 짝을 짓는 방법에 따라 내려 놓을 수 있는 카드의 개수가 달라진다는 것을 알게 합니다. 손에 남은 카드가 최소가 되도록 여러 가지 방법으로 짝을 지어 보게 합니다.

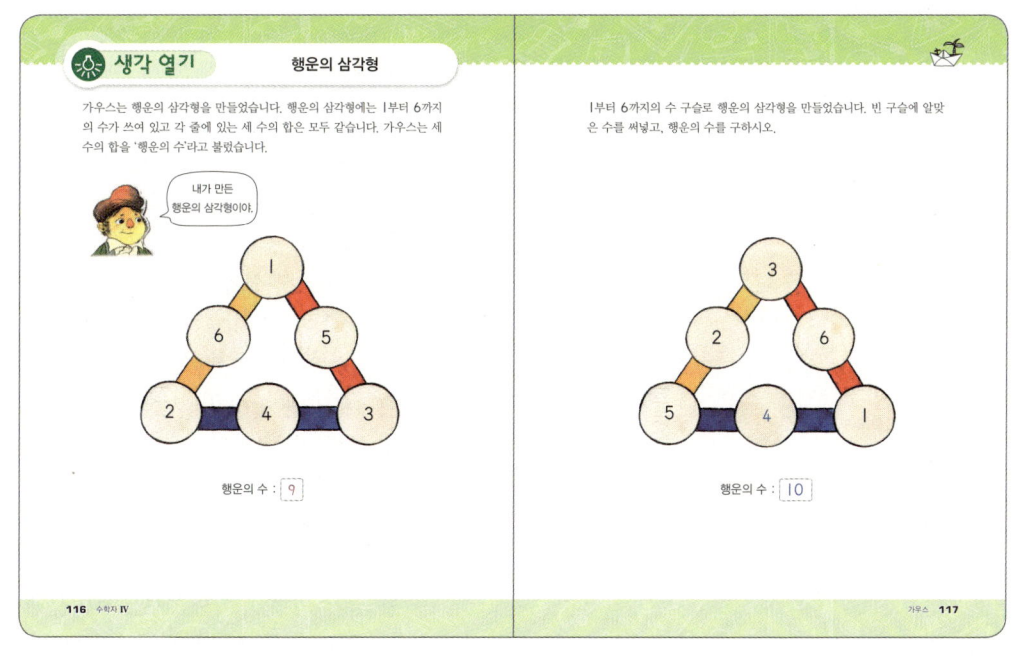

116 · 117

행운의 삼각형 규칙을 이해하고, 1부터 6까지의 수를 사용하여 각 줄에 놓인 세 수의 합이 같게 만듭니다. 이때, 1부터 6까지의 수를 한 번씩만 사용해야 하는 것에 주의합니다. 행운의 삼각형을 만들고 각 줄에 있는 수를 더하여 합이 모두 같은지 확인합니다.

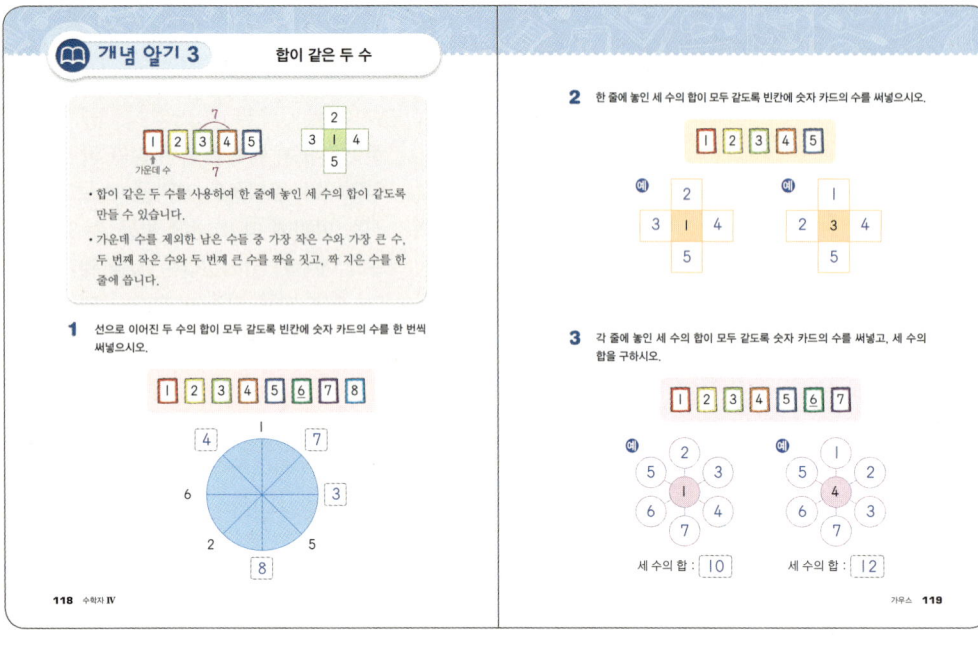

합이 같은 두 수를 이용하여 한 줄에 놓인 수들의 합이 모두 같도록 배열합니다.

1 가장 큰 수와 가장 작은 수, 그 다음 큰 수와 그 다음 작은 수, …를 짝을 지어 짝을 지은 두 수씩 마주 보도록 배열하면 두 수의 합이 모두 같게 할 수 있습니다.

2 가운데 수에 1이 쓰여 있으므로 1을 제외한 나머지 수들을 짝을 지어 한 줄에 들어가도록 배열합니다.

3 가운데에 쓰인 수를 제외하고 나머지 수들을 합이 같도록 둘씩 짝을 지어 짝 지은 수끼리 마주 보도록 배열합니다.

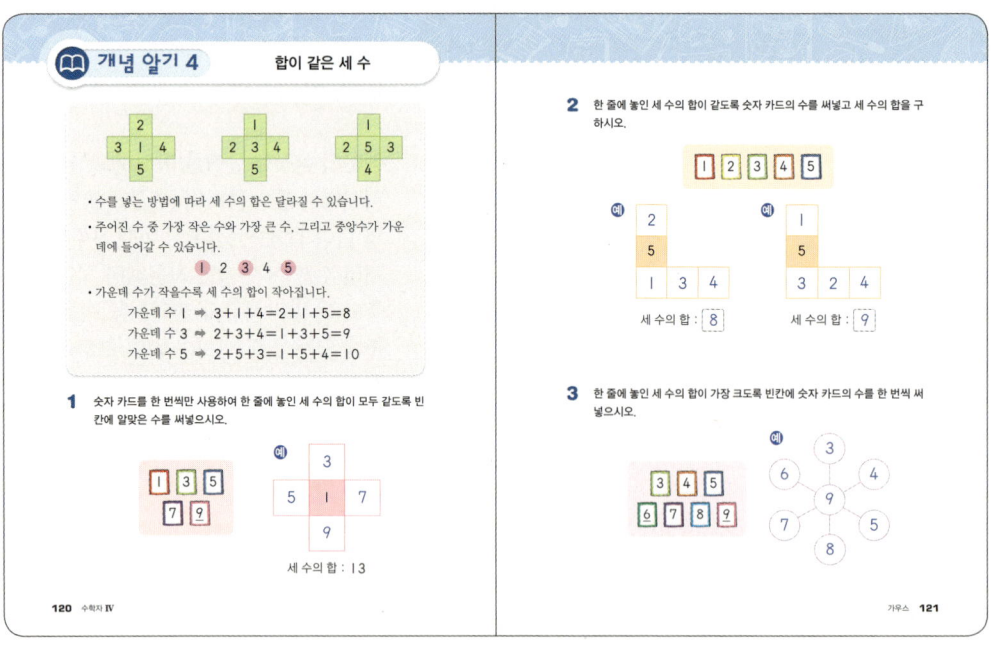

가운데에 들어가는 수에 따라 한 줄에 놓이는 수들의 합이 달라질 수 있습니다.

1 세 수의 합이 13이고, 가운데 수가 1이므로 두 수의 합이 12가 되도록 짝을 지어 짝 지은 두 수가 한 줄에 놓이도록 빈칸에 수를 씁니다.

2 가운데에 들어갈 수 있는 수는 1, 3, 5 중 하나입니다. 이 중 5는 이미 사용하였으므로 나머지 1, 3을 각각 가운데에 쓴 다음, 합이 같도록 짝 지은 두 수를 같은 줄에 씁니다.

3 세 수의 합이 가장 크므로 주어진 수 중 가장 큰 수인 9를 가운데에 써넣습니다.

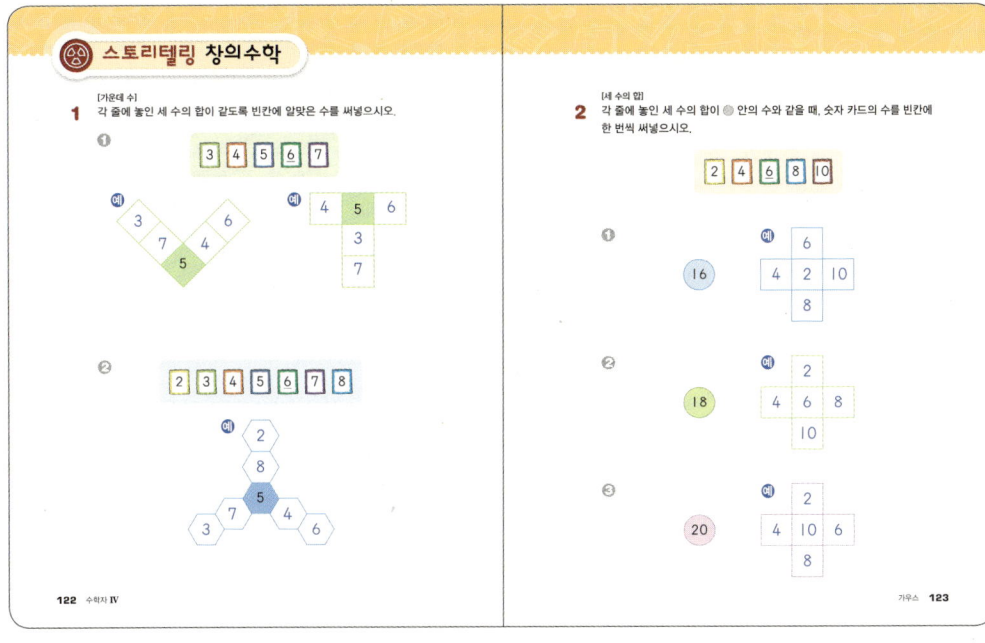

122 · 123

1 가운데에 놓인 수를 뺀 나머지 수들을 합이 같게 두 수씩 짝을 지어 같은 줄에 씁니다. 한번 사용한 수는 다시 쓸 수 없습니다. 짝 지은 두 수의 위치를 바꾸어도 같은 줄에 놓인 세 수의 합은 변함이 없습니다.

2 가운데에 놓인 수에 따라 세 수의 합이 각각 달라집니다. 가운데에는 2, 6, 10이 들어갈 수 있으므로 수의 합이 가장 작은 곳에는 가운데에 2를, 합이 가장 큰 곳에는 가운데에 10을 써넣습니다. 가운데에 써넣고 남은 수들을 합이 같도록 둘씩 짝을 지어 문제를 해결합니다.

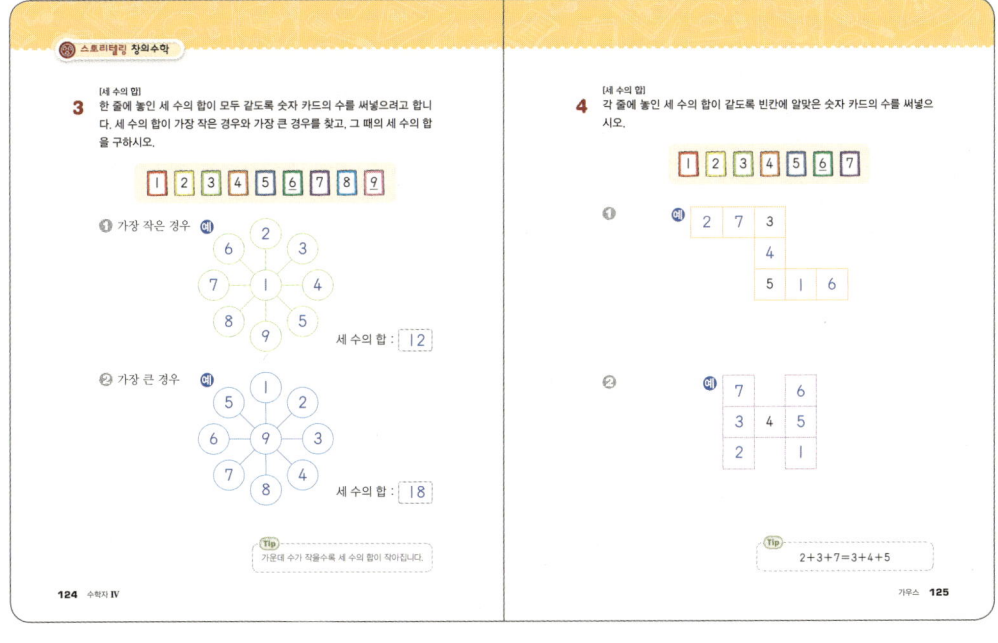

124 · 125

3 가운데에 들어가는 수에 따라 한 줄에 놓이는 수들의 합이 달라집니다. 합이 가장 작은 경우는 가운데에 가장 작은 수가 들어가는 경우이고, 합이 가장 큰 경우는 가운데에 가장 큰 수가 들어가는 경우입니다. 조건에 맞게 가운데 수를 넣은 다음 합이 같도록 둘씩 짝을 지어 문제를 해결합니다.

4 사용한 수를 제외하고 남은 수들을 배열하여 한 줄에 놓인 세 수의 합이 모두 같도록 만듭니다.

MEMO

MEMO

MEMO

우리 아이의 수학적 잠재력을 깨워주는

창의력 수학 노크

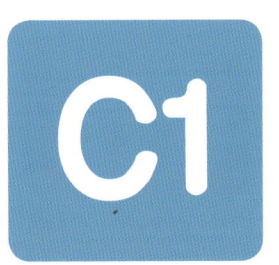

C1 수학자로
배우는 수학

창의력
수학

노크

C 단계